中等职业教育国家规划教材配套教材

汽车拆装实训

(第二版)

王远明　主编

人民交通出版社股份有限公司
China Communications Press Co.,Ltd.

内 容 提 要

本书是中等职业教育国家规划教材配套教材之一。全书主要内容包括：常用汽车拆装工具与设备的认识和使用、发动机总成的吊装、曲柄连杆机构的拆装、配气机构的拆装、燃料系统的拆装、冷却系统的拆装、润滑系统的拆装、传动系统的拆装、转向系统的拆装、行驶系统的拆装、制动系统的拆装、汽车总装，共12项实训内容。

本书可供汽车运用与维修专业学生、汽车维修技师和汽车维修工参考使用。

图书在版编目（CIP）数据

汽车拆装实训／王远明主编．—2版．—北京：
人民交通出版社股份有限公司，2016.8
中等职业教育国家规划教材配套教材
ISBN 978-7-114-13209-4

Ⅰ．①汽… Ⅱ．①王… Ⅲ．①汽车—装配（机械）—中等专业学校—教材 Ⅳ．①U472.4

中国版本图书馆 CIP 数据核字（2016）第 166444 号

书　　名：	汽车拆装实训（第二版）
著 作 者：	王远明
责任编辑：	时　旭
出版发行：	人民交通出版社股份有限公司
地　　址：	（100011）北京市朝阳区安定门外外馆斜街3号
网　　址：	http://www.ccpcl.com.cn
销售电话：	(010)59757973
总 经 销：	人民交通出版社股份有限公司发行部
经　　销：	各地新华书店
印　　刷：	北京建宏印刷有限公司
开　　本：	787×1092　1/16
印　　张：	13
字　　数：	305千
版　　次：	2003年3月　第1版
	2016年8月　第2版
印　　次：	2024年7月　第2版　第6次印刷　总第23次印刷
书　　号：	ISBN 978-7-114-13209-4
定　　价：	29.00元

（有印刷、装订质量问题的图书由本公司负责调换）

第二版前言

本套教材是中等职业教育国家规划教材的配套教材,自2003年出版以来,以其结合各地汽车维修行业的生产实际、体现以人为本的现代理念、注重对学生创新能力的培养、具有较强针对性等特点,受到了广大职业院校师生的欢迎。

为贯彻《教育部关于深化职业教育教学改革全面提高人才培养质量的若干意见》(教职成[2015]6号)提出的"对接最新职业标准、行业标准和岗位规范,紧贴岗位实际工作过程,调整课程结构,更新课程内容,深化多种模式的课程改革",响应国家对于汽车运用技术领域高素质专业实用人才培养的需要,更好地贴近汽车运用与维修专业实际教学目标,故人民交通出版社股份有限公司对本套教材进行了修订。本次修订以《中等职业学校专业教学标准(试行)》为标准,以职业教育人才培养模式和宗旨为导向,注重实践能力的培养,吸收教材使用院校师生的意见和建议,经过与编者的认真研究和讨论,确定了修订内容。

《汽车拆装实训(第二版)》立足教学实际,内容求新求全,语言通俗易懂。全书以典型车型为例,将汽车拆装分为12个实训项目,内容围绕项目展开。在实训项目开始对必要的理论进行讲解,对实训操作进行详细的安排,每个步骤配以图片和文字,方便老师进行实训教学组织,并在每个实训项目的最后附上评价表对学生进行合理的评价。

本教材由东莞市汽车技术学校王远明担任主编。参加编写的还有彭锦振、伍明浩、林庆耀。

由于编者经历和水平有限,书中难免有不足之处,敬请广大读者及时提出修改意见和建议,以便修改和完善。

编　者
2016年3月

目 录

实训 1　常用汽车拆装工具与设备的认识和使用 ………………………………………… 1

实训 2　发动机总成的吊装 ……………………………………………………………… 15

实训 3　曲柄连杆机构的拆装 …………………………………………………………… 29

实训 4　配气机构的拆装 ………………………………………………………………… 41

实训 5　燃料系统的拆装 ………………………………………………………………… 65

实训 6　冷却系统的拆装 ………………………………………………………………… 73

实训 7　润滑系统的拆装 ………………………………………………………………… 82

实训 8　传动系统的拆装 ………………………………………………………………… 88

实训 9　转向系统的拆装 ………………………………………………………………… 130

实训 10　行驶系统的拆装 ………………………………………………………………… 142

实训 11　制动系统的拆装 ………………………………………………………………… 165

实训 12　汽车总装 ………………………………………………………………………… 199

参考文献 ……………………………………………………………………………………… 202

实训 1 常用汽车拆装工具与设备的认识和使用

一 实训目标

(1) 学习每件工具的功能与正确方法。
(2) 掌握工具规定的操作程序。
(3) 学会正确选用工具。
(4) 学会工具的规范放置、维护和管理。

二 实训内容

1. 选用工具的原则

1) 根据工作的类型选择工具

汽车修理中使用成套套筒扳手比较普遍。如果由于工作空间限制不能使用成套套筒扳手,可按其顺序选用梅花扳手、开口扳手,如图 1-1 所示。

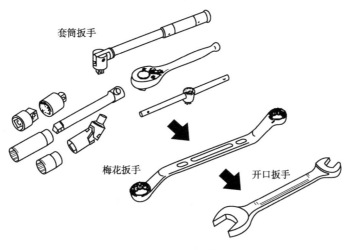

图 1-1　选用原则

2) 根据工作进行的速度选择工具

套筒扳手的用处在于它能旋转螺栓/螺母而不需要重新调整。这就可以迅速转动螺栓/螺母。套筒扳手可以根据所装的手柄以各种方式工作,如图 1-2 所示。

注意:

(1) 棘轮扳手适合在狭窄空间中使用。然而,由于棘轮的结构,它不可以获得很高的力矩。

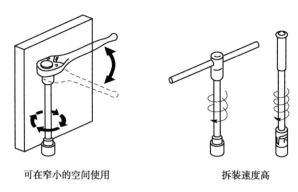

可在窄小的空间使用　　　拆装速度高

图 1-2　使用工具速度

（2）滑动扳手手柄要求极大的工作速度，它能提供最快的工作速度。

（3）旋转手柄在调整后手柄可以迅速工作。但此手柄很长，很难在狭窄空间使用。

3）根据旋转力矩的大小选用工具

如果最后拧紧或开始拧松螺栓/螺母需要大力矩，那么使用允许施加大力矩的扳手，如图 1-3 所示。

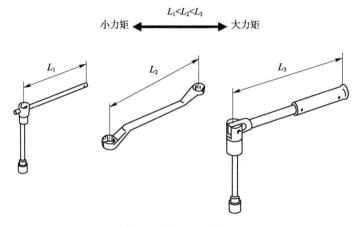

$L_1 < L_2 < L_3$

小力矩　←→　大力矩

图 1-3　旋转力矩的要求

注意：

（1）可以施加的力的大小取决于扳手手柄的长度。手柄越长，用较小的力得到的力矩越大。

（2）如果使用了超长手柄，就有力矩太大的危险，螺栓有可能折断。

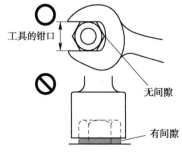

图 1-4　工具大小的选用

4）工具大小的应用

确保工具的直径与螺栓/螺母头部大小合适。使工具与螺栓/螺母完全配合，如图 1-4 所示。

5）用力的强度

始终转动工具，以便拉动它。如果由于空间限制无法拉动工具，用手掌推它，如图 1-5 所示。已经拧得很紧的螺栓/螺母可以通过施加冲击力轻松松开。但是不能使用锤子和管子（用来加长手柄）来增加力矩，如图 1-6 所示。

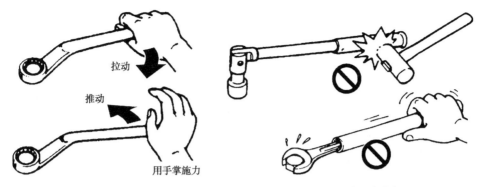

图1-5 扳手用力强度　　　　　图1-6 用力强度注意

最后的拧紧用扭力扳手来完成,以便将其拧紧到标准值,如图1-7所示。

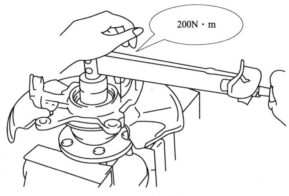

图1-7 扭力扳手

2. 各种工具的认识与使用

汽车维修常用的手动工具有：套筒扳手、梅花扳手、开口扳手、活扳手、扭力扳手、火花塞套筒、螺丝刀、钳子、手锤、冲子、刮刀和其他工具等,如图1-8所示。

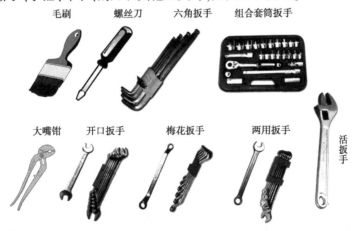

图1-8 常用工具示意图

1）成套套筒扳手

（1）套筒（图1-9、图1-10）。

这种工具根据工作条件装上不同手柄的套筒后可以很轻松拆下并更换螺栓/螺母。

图1-9 套筒工具箱　　　　　　　　图1-10 套筒示意图

这种工具利用一套套筒扳手夹持螺栓/螺母,将其拆下或更换,如图1-11所示。

①套筒尺寸。有大和小两种尺寸。大的一种可以获得比小的一种更大的力矩。

②套筒深度。有两种类型——标准的和深的,深的比标准的深2～3倍。较深的套筒可用于螺栓突出的螺母。

③钳口。有两种类型——双六角形和单六角形的。六角部分和螺栓/螺母的表面有很大的接触面,这样不容易损坏螺栓/螺母的表面。

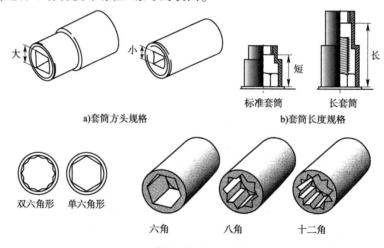

a) 套筒方头规格　　　　b) 套筒长度规格

c) 套筒工作头部内孔规格

图1-11 套筒规格

(2) 套筒接合器(图1-12)。用作一个改变套筒方形套尺寸的连接器。

注意:超大力矩会将负载加在套筒本身或小螺栓上。力矩要根据规定的拧紧极限施加。

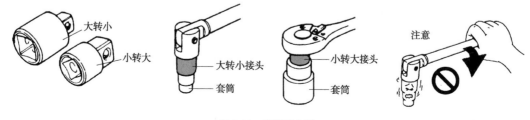

图1-12 套筒接合器

(3)万向节。套筒的方形套头部分可以前后或左右移动。手柄和套筒扳手之间的角度可以自由变化,使其成为有限空间内工作的有用工具,如图1-13所示。

注意:
①不能大角度施加力矩。
②不能用风动工具,如图1-14所示。

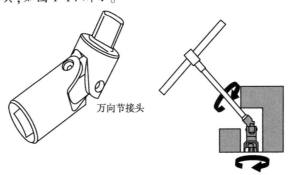

图1-13 万向节接头

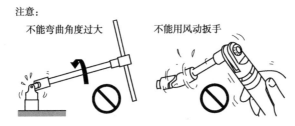

图1-14 万向节使用注意事项

(4)加长杆。通过滑动套筒的套头部分,手柄可以有两种使用,如图1-15所示。

可用于拆下和更换装得太深不宜接触的螺栓/螺母。也可以用于将工具抬离平面一定高度使用。

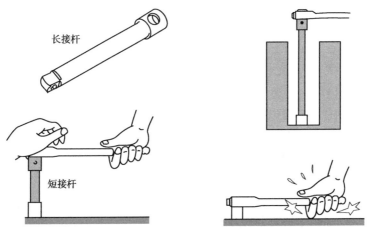

图1-15 加长杆的用法

(5)旋转手柄(图1-16)。此手柄用于拆下和更换要求大力矩的螺栓/螺母。

套筒扳手头部可作铰式移动,可调整手柄的角度与套筒扳手相配合;手柄滑动,允许改变手柄长度。

注意:滑移手柄直到碰到使用前的锁紧位置。如果不在锁紧位置上,手柄在工作时可以滑进滑出,这样会造成人身伤害。

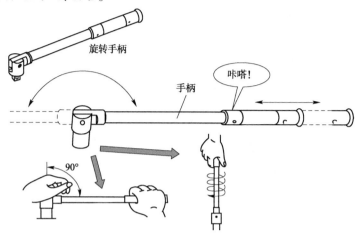

图1-16　旋转手柄的用法

(6)滑动手柄(图1-17)。通过滑动套筒的套头部分,手柄可以有两种使用方法,L型(改进力矩)和T型(增加速度)。

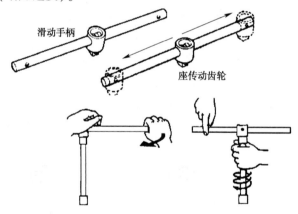

图1-17　滑动手柄的用法

2)棘轮扳手(图1-18)

(1)将锁紧手柄往右转可以拧紧螺栓/螺母,往左转可以松开螺栓/螺母。

(2)螺栓/螺母可以不需要使用套筒扳手。

(3)套筒扳手可以小的回转角锁住,可以在有限的空间内工作。

注意:不要施加过大力矩,这可能会损坏棘轮的结构。

3)扭力扳手

用以拧紧螺栓/螺母达到规定的力矩。

扭力扳手有预置式和板簧式两种类型。按力矩大小,分为标准式和小力矩两种,小力矩扭力扳手最大值约 $0.98\text{N}\cdot\text{m}$,用于测量预负荷。扭力扳手如图1-19所示,扭力扳手的用法如图1-20所示。

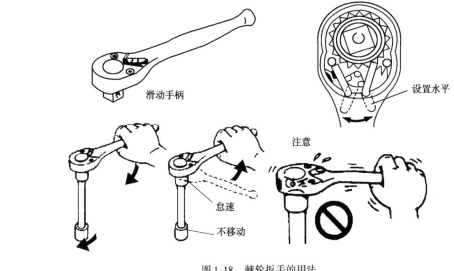

图 1-18 棘轮扳手的用法

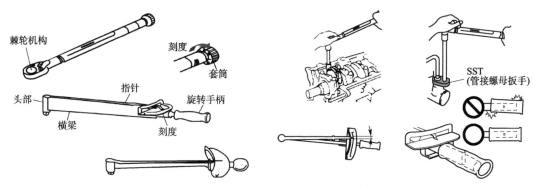

图 1-19 扭力扳手　　　　图 1-20 扭力扳手的用法

用其他扳手在扭力扳手拧紧前预先拧紧,这样工作效率好。如果从一开始就用扭力扳手拧紧,则工作效率较差。

注意:

(1)如果拧紧几个螺栓,在每个螺栓上均匀施加力矩,重复2~3次。

(2)如果专用维修工具与扭力扳手一起使用,则要按照修理手册中的说明计算力矩。

(3)板簧型扭力扳手的注意事项:

①使用到扭力扳手上刻度的50%~70%量程,以便施加均匀的力。

②不要用力太大使手柄接触到杆。如果压力不是作用在销上,则不能获得精确的力矩测量值。

4)梅花扳手

常用的梅花扳手尺寸型号有 6-9、8-10、9-11、12-14、14-17、13-15、17-19、21-23、22-24 等。

因其可以对螺栓/螺母施加大力矩,因此,用在补充拧紧和类似操作中,如图1-21所示。

因为扳手钳口是双六角形的,可以容易地装配螺栓/螺母。由于螺栓/螺母的六角形被包住,因此,没有损坏螺栓角的危险,可以施加大力矩。由于梅花轴有角度,可以在凹进空间里或平面上旋转。

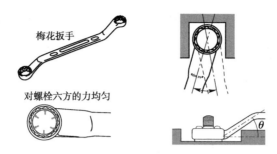

图1-21　梅花扳手用法

5) 开口扳手

常用的开口扳手尺寸型号有 6-9、8-10、9-11、12-14、14-17、13-15、17-19、21-23、22-24 等,如图1-22所示。

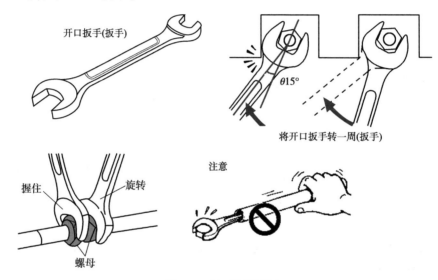

图1-22　开口扳手的用法

用在不能用成套套筒扳手或梅花扳手拆除或更换螺栓/螺母的位置。

扳手钳口有一定角度与手柄相连。这意味着通过转动开口扳手,可在有限空间内进一步旋转。

为防止相对的零件也转动,如在拧松一根燃油管时,用两个开口扳手去拧松一个螺母。扳手不能提供较大力矩,由此不能用于最终拧紧。

注意:不能在扳手手柄上接套管,这会造成超大力矩,损坏螺栓或开口扳手。

6) 活扳手

适用于尺寸不规则的螺栓/螺母或压紧SST(专用维修工具),如图1-23所示。

旋转调节螺杆改变孔径。一个可调扳手可用来代替多个开口扳手。不适于施加大力矩。转动调节螺杆,使孔径与螺栓/螺母头部配合完好。

注意:使调节钳口在旋转方向上来转动扳手。如果不用这种方法转动扳手,压力将作用在调节螺杆上,使其损坏。

7)火花塞套筒

此工具专用于拆卸及更换火花塞,如图1-24所示。

有大小两种尺寸,要配合火花塞尺寸。扳手内装有一块磁铁,用以保护火花塞。

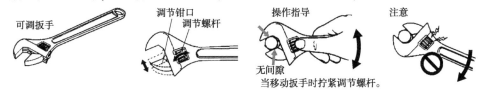

图1-23 活扳手用法

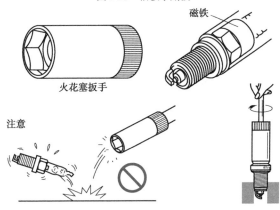

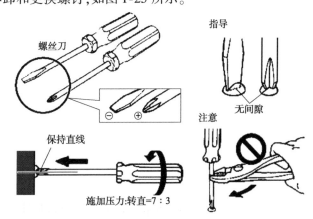

图1-24 火花塞套筒用法

注意:

(1)磁性可保护火花塞,但仍要小心不要使其坠落。

(2)为确保火花塞正确地插入,首先要用手牢靠地拧紧(参考:规定的力矩18~20N·m)。

8)螺丝刀

螺丝刀用于拆卸和更换螺钉,如图1-25所示。

图1-25 螺丝刀的用法

螺丝刀分正负型号,取决于尖部的形状。

(1)使用尺寸合适的螺丝刀,与螺钉的槽大小合适。

(2)保持螺丝刀与螺钉尾端成直线,边用力边转动。

注意：
①切勿用鲤鱼钳或其他工具过度施加力矩。这可能刮削螺钉的凹槽或损坏螺丝刀尖头。
②其他场合的用法，如图 1-26 所示。

图 1-26　螺丝刀注意用法

9) 尖嘴钳

用在密封的空间里操作或夹紧小零件，如图 1-27 所示。

尖嘴钳是长而细的，使其适于在密封空间里使用。

包括一个朝向颈部的刀片，可以切割细导线或从电线上去掉绝缘层。

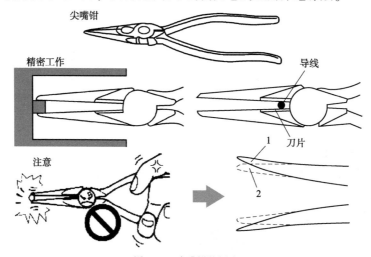

图 1-27　尖嘴钳的用法
1-变形；2-变形前

注意：切勿对尖嘴钳头部施加过大的压力。它们可以成 U 字形打开，使其不能用以做精密工作。

10) 鲤鱼钳

用以夹东西，如图 1-28 所示。

改变支点上的孔的位置使钳口打开的程度可以调节。

可用钳口夹紧或拉动。

可在颈部切断细导线。

注意：在用鲤鱼钳夹紧前，须用防护布或其他防护罩遮盖易损坏件。

11) 锤子

可通过敲击来拆卸和更换零件，并且根据声音来测试螺栓的松紧度，如图 1-29 所示。

有以下类型可供使用(取决于应用或材料)：

①球头销锤子；

②塑料锤;
③检修用锤。

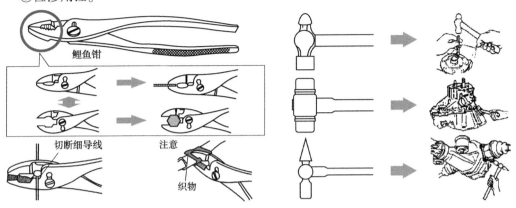

图 1-28　鲤鱼钳的用法　　　　图 1-29　锤子的类型

12) 铜棒

防止锤子损坏的支撑工具,如图 1-30 所示。

图 1-30　铜棒的用法

用黄铜制成,所以不会损坏零件(因为零件变形前它将会变形)。

注意:如果尖头变形,用磨床研磨。

13) 风动工具

风动工具使用压缩空气,并用于拆卸和更换螺栓/螺母。它们能使工作很快完成,如图 1-31 所示。

操作警告:

(1)永远在正确的气压下使用[正确值:686kPa(7kgf/cm^2)]。

(2)定期检查风动工具并用风动工具油润滑和防锈。

(3)如果用风动工具从螺栓上完全取下螺母,则旋转力可使螺母飞出。

(4)往往先用手将螺母对准螺栓。如果一开始就打开风动工具,则螺纹会被损坏。注意不要拧得过紧。使用较小的力拧紧。

(5)最后,使用扭力扳手检查紧固力矩。

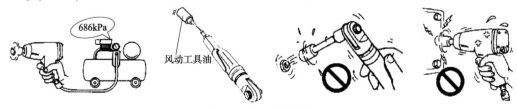

图 1-31　风动工具的用法

3.举升机的认识与使用

将车辆升高以便维修人员能在车下以舒适的姿势工作,如图 1-32 所示。

有三种类型的举升器,具有不同的升降功能、支撑柱和支撑方法。

a)板条型　　　b)摆臂型　　　c)四柱提升型

图 1-32　举升机

(1)举升机设置(图 1-33)。

①把车辆置于举升机中心。

②把板和臂固定到修理手册所标示的位置上。

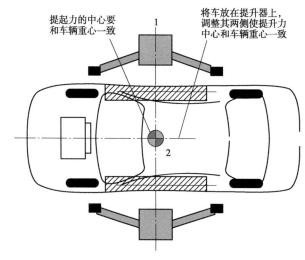

图 1-33　举升机设置点

1-起吊中心;2-重心

(2)各种举升机位置注意(图 1-34)。

注意:

①摆臂型。调整支架直到车辆保持水平为止。始终要锁住臂。

②四柱提升型。使用车轮挡块和安全机构。

③板条型。如修理手册所指出的使用板提升附件。

三　实训器材

(1)举升工位 4 个。

(2)丰田卡罗拉轿车 4 辆。

(3)车轮挡块 8 套。

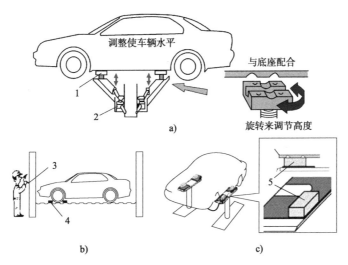

图1-34 举升机位置要点
1-臂锁；2-锁；3-车轮挡块；4-板提升附件；5-垫块

四 实训要求与注意事项

(1) 在操作开始前，检查所有的设备并备齐工具。
(2) 注意各种工具的正确使用。
(3) 工具和设备的正确放置。
(4) 实训过程中注意安全，特别是涉及用电方面。
(5) 实训过程要符合车辆维修的操作规程。

五 教学组织

1. 教学组织形式

本课程为"小班化"实训课，实训教师1名，学生24名，实训室共有4个实训工位，按照6人一个工位编组。

2. 实训教师职责

通过PPT课件展示、教学视频播放等教学手段，讲解实训任务的操作步骤和相关注意事项；组织学生进行分组；巡视、检查、指导和纠正学生操作中的错误；课堂总结；组织学生做好5S管理。

3. 学生职责

认真观看PPT课件和教学视频；完成教师布置的任务；做好课后的清洁、整理等5S管理工作。

六 举升机操作步骤

1. 注意事项

(1) 各种汽车重心位置不同。先了解汽车的重心位置，汽车进入举升机内，要使重心靠近两立柱构成的平面内。调整托臂，使支撑垫支撑到汽车的推荐举升点上。

(2) 认真阅读警示标志。

(3) 液压阀类出厂前已调整完好,用户不得自行调整,否则,产生的一切后果由用户自己负责。

2. 提升车辆

(1) 清除举升机周围区域杂物。

(2) 将滑台降到最低位置。

(3) 将托臂缩到最小长度。

(4) 沿车辆路径摆动托臂。

(5) 将车辆移动到两个柱体之间。

(6) 将托臂上的托盘移到汽车推荐举升点下面,并旋转托盘以便与汽车举升点均匀接触。

(7) 按动电动机上的启动按钮(图1-35),缓慢地提升车辆,确保负载平衡,然后将举升机升到所要求的高度。

(8) 松开上升按扭。

(9) 按动下降阀手柄将负载降到机械保险起作用的位置上,这时便可维修车辆了。

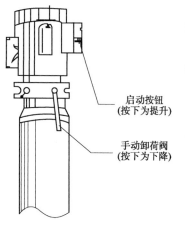

图1-35 电动机上的启动按钮

3. 降下车辆

(1) 清除举升机下面和周围区域的障碍物。

(2) 举升起车辆2~10mm,拉开两滑台上的保险板拉线。

(3) 按动液压站的下降阀手柄,滑台下降。

(4) 降下举升机直至托臂到底且离开提升点,松开手柄。

(5) 将车辆下的托臂完全收回。

七 考核标准

考核标准见表1-1。

考核标准表   表1-1

序 号	考核项目	满分	评分标准	得 分
1	作业前整理工位	10	酌情扣分	
2	工位停车	10	停车不当扣10分	
3	控制举升机拖臂	10	操作不当扣10分	
4	检查车辆举升点	10	位置不当扣10分	
5	举升车辆,操作按钮	10	操作不当扣10分	
6	安全落锁	10	操作不当扣10分	
7	降下车辆,检查场地	10	操作不当扣10分	
8	安全解锁	10	操作不当扣10分	
9	安全下降车辆	10	操作不当扣10分	
10	作业后整理工位	10	操作不当扣10分	
11	遵守相关安全规范		因违规操作造成人员和设备事故的,总分按0分计	
	分数合计	100		

实训 2　发动机总成的吊装

一　实训目标

(1) 掌握正确使用吊装工具的方法。
(2) 掌握正确吊装发动机总成的方法。
(3) 熟悉发动机总成各连接件的名称、位置、结构和作用。

二　实训内容

1. 发动机总成认识

发动机总成,又称为引擎,是一种能够把一种形式的能转化为另一种更有用的能的机器,通常是把化学能转化为机械能。汽车发动机一般是通过内部燃烧汽油(柴油)来获得动能,所以汽车发动机是内燃机。发动机(往复活塞式)由曲柄连杆机构、配气机构、润滑系、冷却系、燃料供给系、点火系(柴油机没有点火系)和起动系组成。发动机总成如图2-1所示。

图 2-1　发动机总成

2. 实训任务

按照维修手册的规范要求对发动机总成进行吊装,通过拆装去观察和认识发动机的构成和基本工作原理。

三　实训器材

(1) 举升工位4个。
(2) 丰田卡罗拉轿车4辆。
(3) 车辆防护三件套4套。
(4) 常用汽车维修工具4套。

四　实训要求与注意事项

(1) 在操作开始前,检查所有的设备并备齐工具。
(2) 安装车轮挡块时,可以用举升机顶起部分车轮。
(3) 三件套和翼子板布、前格栅布的安装方法要正确。
(4) 注意防止燃油泄漏造成火灾。
(5) 实训过程要符合车辆维修的操作规程。

五 教学组织

1. 教学组织形式

本课程为"小班化"实训课,实训教师 1 名,学生 24 名,实训室共有 4 个实训工位,按照 6 人一个工位编组。

2. 实训教师职责

通过 PPT 课件展示、教学视频播放等教学手段,讲解实训任务的操作步骤和相关注意事项;组织学生进行分组;巡视、检查、指导和纠正学生操作中的错误;课堂总结;组织学生做好 5S 管理。

3. 学生职责

认真观看 PPT 课件和教学视频;完成教师布置的任务;做好课后的清洁、整理等 5S 管理工作。

六 操作步骤

1. 发动机总成的拆卸

注意:

①带传动桥的发动机总成非常重。务必遵循维修手册描述的程序,否则,发动机升降机可能会突然掉落。

②等待发动机冷却后才进行操作,防止烫伤。

(1)断开蓄电池负极端子电缆。将点火开关置于 OFF 位置后,断开蓄电池负极(-)端子电缆。

注意:断开并重新连接电缆后,某些系统需要初始化。

(2)回收制冷系统中的制冷剂。

(3)燃油系统卸压。

(4)使前轮朝向正前方。

(5)固定转向盘。

(6)拆卸前轮。

(7)拆卸前保险杠下减振器。

(8)拆卸发动机 1 号底罩。

(9)拆卸发动机中央 4 号底罩。

(10)拆卸发动机后部左侧底罩。

(11)拆卸发动机后部右侧底罩。

(12)排空发动机冷却液。

(13)排空发动机润滑油。

(14)排空手动传动桥油(手动传动桥)。

(15)排空无级变速传动桥油(CVT)。

(16)拆卸 2 号汽缸盖罩。提起 2 号汽缸盖罩后部以分离 2 个后卡子。提起 2 号汽缸盖罩前部以分离 2 个前卡子,并拆下 2 号汽缸盖罩。如图 2-2 所示。

注意：同时分离前后卡子可能会使2号汽缸盖罩破裂。

(17) 拆卸带空气滤清器软管的空气滤清器盖。

(18) 拆卸空气滤清器壳分总成。

(19) 拆卸蓄电池。

(20) 拆卸蓄电池托架。

(21) 断开散热器1号软管。

(22) 断开散热器2号软管。

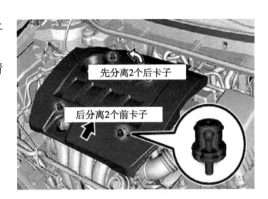

图2-2　拆卸2号汽缸盖罩

(23) 分离变速器控制拉索总成（手动传动桥）。

①拆下2个卡子（A）并从手动传动桥总成上断开变速器控制拉索总成，如图2-3所示。

②拆下2个卡子（B）并从地板式换挡控制杆壳支架上断开变速器控制拉索总成，如图2-3所示。

③拆下螺栓并从发动机后悬置隔振垫上断开变速器控制拉索总成，如图2-4所示。

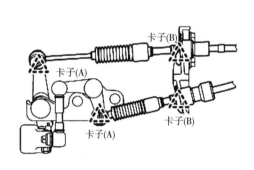

图2-3　断开变速器控制拉索总成　　　图2-4　断开变速器控制拉索总成

(24) 拆卸离合器分离缸总成（手动传动桥）。拆下5个螺栓和离合器管支架，并断开离合器分离缸总成，如图2-5所示。

(25) 断开1号燃油蒸气供给软管。滑动卡子并从清污阀（清污VSV）上断开1号燃油蒸气供给软管，如图2-6所示。

(26) 断开连接管软管接头（手动传动桥）。

(27) 断开加热器出水软管A（手动传动桥）。滑动卡子并从1号水旁通管上断开加热器出水软管A，如图2-7所示。

(28) 断开加热器进水软管A。

(29) 断开燃油管分总成。

①分离卡爪并拆下1号燃油管卡夹，如图2-8所示。

②如图2-9所示捏住固定架，然后从燃油管中拉出燃油管连接器。

注意：

a. 操作前，清除燃油管连接器上的灰尘和异物。

b. 由于燃油管连接器有密封燃油管的O形圈，因此，断开时不要刮伤零件或沾上任何异物。

c. 用手进行该操作。不要使用任何工具。

d. 不要用力弯曲、打结或扭曲尼龙管。

e. 断开燃油管分总成后,用塑料袋包住断开部位以进行保护。

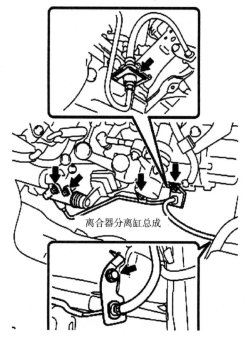

图 2-5 拆卸离合器分离缸总成

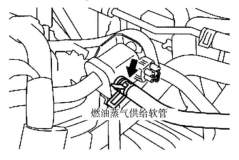

图 2-6 断开 1 号燃油蒸气供给软管

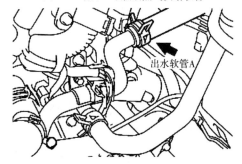

图 2-7 断开加热器出水软管 A

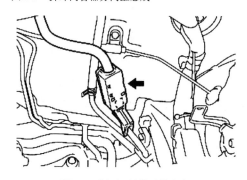

图 2-8 拆下 1 号燃油管卡夹

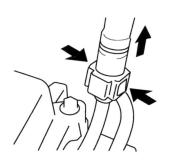

图 2-9 捏住固定架

③如果燃油管连接器和燃油管卡住,则推拉使其松开。

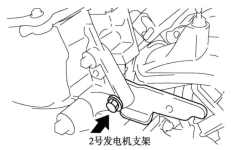

图 2-10 拆卸 2 号发电机支架

(30)拆卸多楔带。

(31)拆卸发电机总成。

(32)拆卸 2 号发电机支架。拆下螺栓和 2 号发电机支架,如图 2-10 所示。

(33)断开排放软管分总成。

(34)断开吸入软管分总成。

(35)拆卸带皮带轮的压缩机总成。

(36)断开线束。

①拉起杆以断开 ECM 连接器,如图 2-11 所示。
②断开线束卡夹。
③从发动机舱继电器盒和接线盒总成上拆下发动机舱 1 号继电器盒盖。
④从发动机舱继电器盒和接线盒总成上拆下 2 个螺母,如图 2-12 所示。

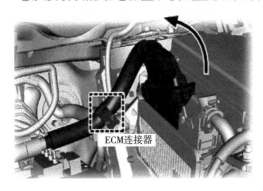

图 2-11 断开 ECM 连接器

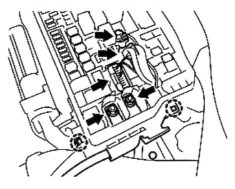

图 2-12 拆下 2 个螺母

⑤断开 3 个线束连接器。
⑥分离 2 个卡爪并从发动机舱继电器盒和接线盒总成上断开线束。
⑦拆下螺栓并从手动传动桥总成上断开发动机 3 号线束,如图 2-13 所示。
⑧断开所有线束和连接器。

提示:确保车身和发动机总成之间没有线束连接。

(37)拆卸转向柱孔盖消声板。

(38)分离 2 号转向中间轴总成。

(39)分离转向柱 1 号孔盖分总成。

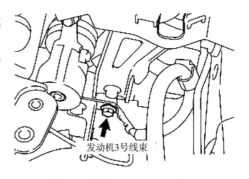

图 2-13 断开发动机 3 号线束

(40)拆卸前地板中央支架分总成。

(41)拆卸前排气管总成(TWC:前和后催化剂)。

(42)拆卸半轴总成。

(43)拆卸传动板和变矩器总成固定螺栓(CVT)。

(44)拆卸发动机前悬置支架下加强件。

(45)拆卸左前悬架横梁加强件。

(46)拆卸右前悬架横梁加强件。

(47)拆卸左前悬架横梁后支架。

(48)拆卸右前悬架横梁后支架。

(49)拆卸前悬架横梁分总成。

(50)拆卸带传动桥的发动机总成。

①固定发动机升降机。

注意:使用高度可调附加支撑块和平板式举升机附加支撑块,水平放置带传动桥的发动机总成。带传动桥的发动机总成悬置时不要执行任何程序,因为这样会导致带传动桥的发

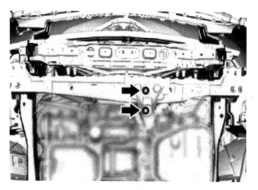

图 2-14 断开发动机前悬置隔振垫

动机总成掉落,从而导致伤害。但是,安装带传动桥的发动机总成或从发动机台架上拆下时需要将其悬置。

②拆下 2 个螺栓并从前横梁分总成上断开发动机前悬置隔振垫,如图 2-14 所示。

③拆下 4 个螺栓和前横梁分总成,如图 2-15 所示。

④拆下螺栓和 2 个螺母,并分离发动机右侧悬置隔振垫分总成,如图 2-16 所示。

⑤拆下贯穿螺栓和螺母,并分离发动机左侧悬置隔振垫,如图 2-17 所示。

提示:拆下贯穿螺栓时,应防止螺母转动。

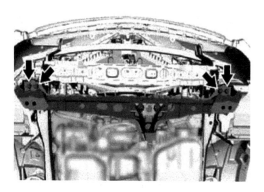

图 2-15 拆下前横梁分总线

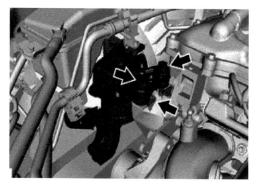

图 2-16 分离发动机右侧悬置隔振热分总成

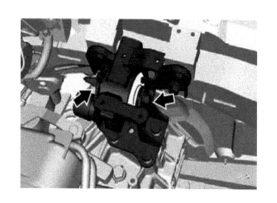

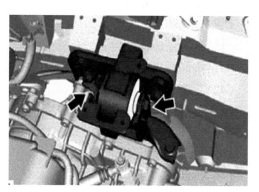

图 2-17 分离发动机左侧悬置隔振垫

⑥从车辆上小心拆下带传动桥的发动机总成。

注意:确保带传动桥的发动机总成上没有任何配线和软管。

(51)拆卸发动机前悬置隔振垫。

提示:仅在需要更换发动机前悬置隔振垫时执行该程序。

拆下贯穿螺栓、螺母和发动机前悬置隔振垫,如图 2-18 所示。

提示：因为螺母有其自己的挡块，所以不要转动螺母。松开贯穿螺栓时要把螺母固定住。

(52) 拆卸发动机后悬置隔振垫。

提示：仅在需要更换发动机后悬置隔振垫时执行该程序。

①断开2个线束卡夹。

②拆下贯穿螺栓和发动机后悬置隔振垫，如图2-19所示。

(53) 拆卸发动机左侧悬置隔振垫。

提示：仅在需要更换发动机左侧悬置隔振垫时执行该程序。

拆下4个螺栓和发动机左侧悬置隔振垫，如图2-20所示。

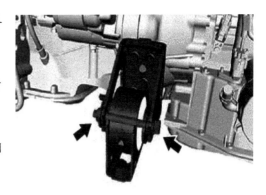

图 2-18　拆下发动机前悬置隔振垫

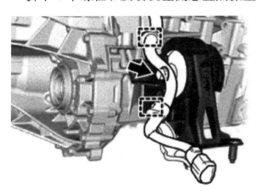 

图 2-19　拆下发动机后悬置隔振垫

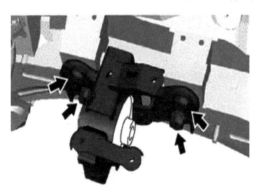 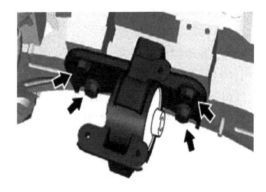

图 2-20　拆下发动机左侧悬置隔振垫

(54) 拆卸发动机右侧悬置隔振垫分总成。

提示：仅在需要更换发动机右侧悬置隔振垫分总成时执行该程序。

①拆下2个螺栓和散热器储液罐总成，如图2-21所示。

②从发动机右侧悬置隔振垫分总成上拆下螺栓和冷却器管卡夹支架，如图2-22所示。

③从发动机右侧悬置隔振垫分总成上断开冷却器管卡夹。

④拆下3个螺栓和发动机右侧悬置隔振垫分总成。

图 2-21 拆下散热器储液罐总成

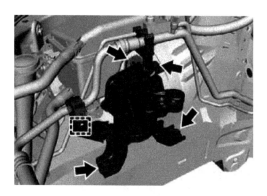

图 2-22 拆下冷却器管卡夹支架

（55）拆卸线束卡夹支架。
（56）安装发动机吊架。

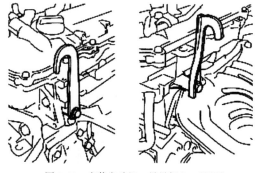

图 2-23 安装发动机 1 号吊架和 2 号吊架

①用 2 个螺栓安装发动机 1 号吊架和 2 号吊架，如图 2-23 所示。力矩：43N·m。
②接合发动机吊链装置并用起重机吊起带传动桥的发动机总成。

注意：注意吊链装置的角度，如果角度不正确，则发动机总成或发动机 1 号吊架和发动机 2 号吊架可能损坏或变形。带传动桥的发动机总成悬置时不要执行任何程序，因为这样会导致带传动桥的发动机总成掉落，从而导致伤害。

但是，安装带传动桥的发动机总成或从发动机台架上拆下时需要将其悬置。

（57）拆卸加热器进水软管。滑动卡子并从汽缸盖分总成上拆下加热器进水软管。
（58）拆卸飞轮壳侧盖。
（59）拆卸起动机总成。
（60）拆卸发动机线束。从带传动桥的发动机总成上拆下发动机线束。
（61）拆卸手动传动桥总成（手动传动桥）。
（62）拆卸离合器盖总成（手动传动桥）。
（63）拆卸离合器盘总成（手动传动桥）。
（64）拆卸飞轮分总成（手动传动桥）。
（65）安装发动机至发动机台架。将发动机总成安装到发动机台架上。

注意：准确调节吊链装置的角度以防止发动机总成或发动机吊架变形或损坏。

发动机总成悬挂危险时，对其进行维修。仅在将发动机总成安装至发动机台架或从发动机台架上拆下发动机总成时可进行此操作。

（66）拆卸发动机吊架。拆下 2 个螺栓、发动机 1 号吊架和发动机 2 号吊架。

2. 发动机总成的装配

注意：拆下手动传动桥总成时，确保使用新的带轴承的离合器分离缸总成和新的安装螺栓。拆下手动传动桥总成会使压紧的带轴承的离合器分离缸总成返回其原始位置。移动部位的灰尘可能损坏带轴承的离合器分离缸总成的密封,从而导致离合器油泄漏。

(1)安装发动机吊架。

(2)从发动机台架上拆下发动机。从发动机台架上拆下发动机总成。

(3)安装飞轮分总成(手动传动桥)。

(4)安装离合器盘总成(手动传动桥)。

(5)安装离合器盖总成(手动传动桥)。

(6)检查和调节离合器盖总成(手动传动桥)。

(7)安装手动传动桥总成(手动传动桥)。

(8)安装传动板和齿圈分总成(CVT)。

(9)安装无级变速传动桥总成(CVT)。

(10)安装发动机线束。将发动机线束安装到带传动桥的发动机总成上。

(11)安装起动机总成。

(12)安装飞轮壳侧盖。将凸出部分插入汽缸体分总成的端部,并将卡爪安装到加强曲轴箱总成内,如图2-24所示。

注意:

①确保卡爪发出咔嗒声以指示其安装牢固。

②如果卡爪未安装牢固或已变形,则用新的飞轮壳侧盖更换。

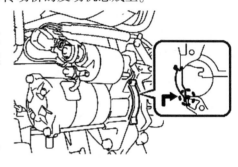

图2-24 安装飞轮壳侧盖

(13)安装加热器进水软管 A。将加热器进水软管安装到汽缸盖分总成上,并滑动卡子以将其固定。

(14)安装5号水旁通软管(CVT)。

(15)安装发动机左侧悬置隔振垫。用4个螺栓安装发动机左侧悬置隔振垫。力矩:95N·m。

(16)安装发动机右侧悬置隔振垫分总成。

①用3个螺栓安装发动机右侧悬置隔振垫分总成。力矩:95N·m。

②将冷却器管卡夹连接到发动机右侧悬置隔振垫分总成上。用螺栓将冷却器管卡夹支架安装到发动机右侧悬置隔振垫分总成上。力矩:9.8N·m。

③用2个螺栓安装散热器储液罐总成。力矩:5.0N·m。

(17)暂时紧固发动机前悬置隔振垫。

提示:仅在需要更换发动机前悬置隔振垫时执行该程序。

用贯穿螺栓和螺母将发动机前悬置隔振垫暂时安装到发动机前悬置支架上。

(18)暂时紧固发动机后悬置隔振垫。

提示:仅在需要更换发动机后悬置隔振垫时执行该程序。

①用贯穿螺栓将发动机后悬置隔振垫暂时安装到发动机后悬置支架上。

②连接2个线束卡夹。

(19)安装带传动桥的发动机总成。

①将带传动桥的发动机总成固定在发动机升降机上。

注意：将高度可调附加支撑块和平板式举升机附加支撑块放到带传动桥的发动机总成下方。

②在可安装发动机右侧悬置隔振垫分总成和发动机左侧悬置隔振垫的地方操作发动机举升机，并举起带传动桥的发动机总成。

注意：不要过度举升带传动桥的发动机总成。如果带传动桥的发动机总成举升过度，则车辆也可能被提升。

提示：

a. 确保带传动桥的发动机总成上没有任何配线和软管。

b. 将带传动桥的发动机总成举升至车辆时，不得触碰到车辆。

③用贯穿螺栓和螺母安装发动机左侧悬置隔振垫。力矩：56N·m。

图2-25 安装发动机右侧悬置隔振垫分总成

提示：紧固贯穿螺栓时，应防止螺母转动。

④用螺栓和2个螺母安装发动机右侧悬置隔振垫分总成，如图2-25所示。

力矩：螺母（A）为95N·m；螺母（B）为52N·m；螺栓为95N·m。

⑤用4个螺栓安装前横梁分总成。力矩：96N·m。

⑥用2个螺栓将发动机前悬置隔振垫分总成连接到前横梁分总成上。

力矩：95N·m。

(20) 安装前悬架横梁分总成。

(21) 安装左前悬架横梁后支架。

(22) 安装右前悬架横梁后支架。

(23) 安装左前悬架横梁加强件。

(24) 安装右前悬架横梁加强件。

(25) 安装发动机前悬置支架下加强件。

(26) 完全安装发动机后悬置隔振垫。用贯穿螺栓完全安装发动机后悬置隔振垫。力矩：95N·m。

(27) 完全安装发动机前悬置隔振垫。用贯穿螺栓和螺母完全安装发动机前悬置隔振垫。力矩：85N·m。

提示：固定螺母的同时紧固贯穿螺栓。

(28) 拆卸发动机吊架。拆下2个螺栓、发动机1号吊架和发动机2号吊架。

(29) 安装线束卡夹支架。

①用螺栓安装线束卡夹支架。力矩：39N·m。

②接合2个卡夹。

(30) 安装传动板和变矩器总成固定螺栓（CVT）。

(31) 安装飞轮壳底罩。将飞轮壳底罩安装到加强曲轴箱总成上。

(32) 安装半轴总成。

(33) 安装前排气管总成（TWC：前和后催化剂）。

(34)安装前地板中央支架分总成。

(35)连接转向柱1号孔盖分总成。

(36)连接2号转向中间轴总成。

(37)安装转向柱孔盖消声板。

(38)连接线束。

①手动传动桥:用螺栓将发动机3号线束安装到手动传动桥总成上。

力矩:12.5N·m。

②用螺栓将发动机3号线束安装到无级变速传动桥总成上,并连接卡夹。

力矩:12.5N·m。

③接合2个卡爪并将线束连接到发动机舱继电器盒和接线盒总成上。

④连接3个线束连接器。

⑤将2个螺母安装到发动机舱继电器盒和接线盒总成上。

力矩:8.0N·m。

⑥将发动机舱1号继电器盒盖安装到发动机舱继电器盒和接线盒总成上。

⑦连接线束卡夹。

⑧连接ECM连接器并降低杆。

(39)安装带皮带轮的压缩机总成。

(40)连接吸入软管分总成。

(41)连接排放软管分总成。

(42)暂时安装2号发电机支架。用螺栓暂时安装2号发电机支架。

(43)安装发电机总成。

①用2个螺栓暂时安装发电机总成。

②完全紧固3个螺栓。如图2-26所示。

力矩:螺栓(A)、(B)为25N·m;螺栓(C)为43N·m。

注意:按(A)、(B)和(C)的顺序完全紧固3个螺栓。

③连接发电机总成连接器并接合线束卡夹。

④用螺母将线束连接到端子B上。

力矩:9.8N·m。

⑤安装端子盖。

图2-26 紧固3个螺栓

(44)安装多楔带。

(45)检查多楔带。

(46)连接燃油管分总成。

①连接燃油管连接器和燃油管。

注意:将燃油管连接器与燃油管对准,然后推入燃油管连接器直至固定架发出"咔嗒"声。如果很难推入燃油管连接器,则在燃油管的端部涂抹少量干净的机油。连接后,拉动燃油管和燃油管连接器以确保其连接牢固。

②接合卡爪并安装1号燃油管卡夹。

(47)连接加热器进水软管A。

(48)连接加热器出水软管A(手动传动桥)。将加热器出水软管A连接到1号水旁通管上,并滑动卡子以将其固定。

(49)连接加热器出水软管A(CVT)。

①将加热器出水软管B连接到1号水旁通管上,并滑动卡子以将其固定。

②将加热器出水软管A连接到空调装置总成上,并滑动卡子以将其固定。

(50)连接连接管软管接头。将连接管软管接头连接到空气管上,并滑动卡子以将其固定。

(51)连接1号燃油蒸气供给软管。将1号燃油蒸气供给软管连接到清污阀(清污VSV)上,并滑动卡子以将其固定。

(52)安装离合器分离缸总成(手动传动桥)。安装5个螺栓和离合器管支架,并连接离合器分离缸总成。

(53)离合器管路进行放气(手动传动桥)。

(54)安装变速器控制拉索总成(手动传动桥)。

①将变速器控制拉索总成连接到发动机后悬置隔振垫上。力矩:5.0N·m。

②用2个卡子(A)将变速器控制拉索总成连接到手动传动桥总成上。如图2-27所示。

③用2个新卡子(B)将变速器控制拉索总成连接到地板式换挡控制杆壳支架上。

(55)安装变速器控制拉索总成(CVT)。

①用螺栓将变速器控制拉索总成安装到发动机后悬置隔振垫上。

力矩:5.0N·m。

②用新卡子将变速器控制拉索总成连接到变速器1号控制拉索支架上。

③顺时针转动变速器控制杆直至其停止,然后逆时针转动2个槽口,如图2-28所示。

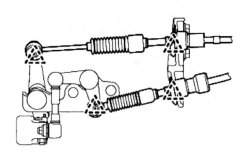
2-27 安装变速器控制拉索总成(手动传动桥)

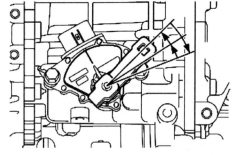
图2-28 安装变速器控制拉索总成(CVT)

④将变速器控制拉索总成连接到变速器控制杆上。

力矩:12N·m。

(56)连接散热器2号软管。将散热器2号软管连接到进水口上,并滑动卡子以将其固定。

(57)连接散热器1号软管。将散热器1号软管连接到汽缸盖分总成上,并滑动卡子以将其固定。

(58)安装蓄电池托架。
①用4个螺栓安装蓄电池托架。力矩:18.5N·m。
②用2个螺栓将散热器管连接到蓄电池托架上。力矩:18.5N·m。
③将2个线束卡夹连接到蓄电池托架上。
(59)安装蓄电池。
①将蓄电池托盘和蓄电池安装到蓄电池托架上。
②用螺栓和螺母安装蓄电池卡夹螺栓和蓄电池卡夹分总成。
力矩:螺栓为16.5N·m;螺母为3.5N·m。
③用螺母连接蓄电池正极(+)端子电缆。
力矩:5.4N·m。
(60)安装空气滤清器壳分总成。
①用3个螺栓安装空气滤清器壳分总成。力矩:7.0N·m。
②将线束卡夹连接到空气滤清器壳分总成上。
③将空气滤清器滤芯分总成安装到空气滤清器壳分总成上。
(61)安装带空气滤清器软管的空气滤清器盖。
(62)连接蓄电池负极端子电缆。用螺母连接蓄电池负极(-)端子电缆。
力矩:5.4N·m。
注意:断开并重新连接电缆后,某些系统需要初始化。
(63)加注发动机润滑油。
(64)加注手动传动桥油(手动传动桥)。
(65)加注发动机冷却液。
(66)加注无级变速传动桥油(CVT)。
(67)检查发动机润滑油油位。
(68)检查换挡杆位置(CVT)。
(69)调节换挡杆位置(手动传动桥)。
(70)调节换挡杆位置(CVT)。
(71)检查燃油是否泄漏。
(72)检查冷却液是否泄漏。
(73)检查是否漏油。
(74)检查废气是否泄漏。
(75)安装发动机后部左侧底罩。用5个卡子安装发动机后部左侧底罩。
(76)安装发动机后部右侧底罩。用5个卡子安装发动机后部右侧底罩。
(77)安装发动机中央4号底罩。用5个卡子安装发动机中央4号底罩。
(78)安装发动机1号底罩。用7个卡子和2个螺钉安装发动机1号底罩。
(79)安装前保险杠下减振器。用4个螺钉和8个螺栓安装前保险杠下减振器。
(80)向空调系统加注制冷剂。
(81)发动机暖机。
(82)检查制冷剂是否泄漏。

(83) 安装前轮。
(84) 检查点火正时。
(85) 检查发动机怠速转速。
(86) 检查 CO/HC。
(87) 调节前轮定位。
(88) 安装 2 号汽缸盖罩。接合 4 个卡子以安装 2 号汽缸盖罩。
注意：务必牢固接合卡子。
不要施加过大的力或敲击 2 号汽缸盖罩以接合卡子。否则，可能导致 2 号汽缸盖罩破裂。
(89) 检查转速传感器信号。

七 考核标准

考核标准见表 2-1。

考 核 标 准 表　　　　　　　　　　表 2-1

序　号	考核项目	满分	评分标准	得　分
2	工位停车	5	停车不当扣 5 分	
3	安全检查	5	没有做安全检查扣 5 分	
4	团队合作	10	合作不好酌情扣分	
5	现场 5S 管理	10	操作不当酌情扣分	
6	拆卸发动机总成	25	操作不当酌情扣分	
7	更换发动机总成	25	操作不当酌情扣分	
8	检查发动机总成	10	检查不到位酌情扣分	
9	工具和设备使用	10	操作不当酌情扣分	
10	遵守相关安全规范	因违规操作造成人员和设备事故的，总分按 0 分计		
	分数合计	100		

实训3　曲柄连杆机构的拆装

一　实训目标

(1)掌握正确使用拆装工具的方法。
(2)掌握正确拆装曲柄连杆机构的方法。
(3)熟悉曲柄连杆机构的各零件的名称、位置、结构和作用。

二　实训内容

1. 曲柄连杆机构的作用

曲柄连杆机构是发动机的主要运动机构。其功用是将活塞的往复运动转变为曲轴的旋转运动,同时将作用于活塞上的力转变为曲轴对外输出的转矩,以驱动汽车车轮转动。

2. 曲柄连杆机构的组成

曲柄连杆机构由活塞组、连杆组和曲轴、飞轮组等零部件组成,如图3-1所示。
(1)机体组:包括汽缸体、汽缸垫、汽缸盖、曲轴箱、汽缸套及油底壳。
(2)活塞连杆组:包括活塞、活塞环、活塞销、连杆。
(3)曲轴飞轮组:包括曲轴、飞轮、扭转减振器、平衡轴。

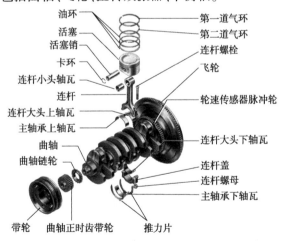

图3-1　发动机曲柄连杆机构组成示意图

3. 实训任务

按照维修手册的规范要求对发动机曲柄连杆机构各个部件和总成进行拆装,通过拆装去观察和认识发动机曲柄连杆机构的构成和基本工作原理。

三 实训器材

(1)举升工位4个。
(2)丰田卡罗拉发动机4台。
(3)车辆防护三件套4套。
(4)常用汽车维修工具4套。

四 实训要求与注意事项

(1)在操作开始前,检查所有的设备并备齐工具。
(2)安装车轮挡块时,可以用举升机顶起部分车轮。
(3)三件套和翼子板布、前格栅布的安装方法要正确。
(4)注意防止热车时冷却液高温造成烫伤。
(5)实训过程要符合车辆维修的操作规程。

五 教学组织

1. 教学组织形式

本课程为"小班化"实训课,实训教师1名,学生24名,实训室共有4个实训工位,按照6人一个工位编组。

2. 实训教师职责

通过PPT课件展示、教学视频播放等教学手段,讲解实训任务的操作步骤和相关注意事项;组织学生进行分组;巡视、检查、指导和纠正学生操作中的错误;课堂总结;组织学生做好5S管理。

3. 学生职责

认真观看PPT课件和教学视频;完成教师布置的任务;做好课后的清洁、整理等5S管理工作。

六 操作步骤

1. 曲柄连杆机构的拆卸

(1)拆卸1号通风箱。

注意:不要损坏汽缸体分总成和1号通风箱的接触面。

提示:使用螺丝刀之前,请在螺丝刀头部缠上胶带。

①拆下6个螺栓和2个螺母,如图3-2所示。
②如图3-3所示,用螺丝刀撬动1号通风箱和汽缸体分总成之间的部位以拆下1号通风箱。

(2)拆卸带连杆的活塞分总成。

①使用铰刀,刮除汽缸顶部的积炭,如图3-4所示。
②从汽缸体分总成的顶部推出活塞、连杆和连杆轴承。

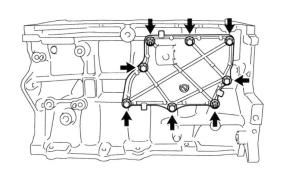

图 3-2 拆下 6 个螺栓和 2 个螺母

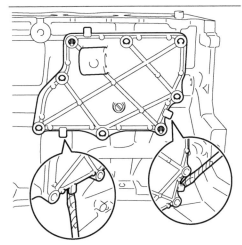

图 3-3 拆下 1 号通风箱

提示：
a. 使连杆轴承、连杆和连杆盖连在一起。
b. 确保摆放好拆下的活塞和连杆,使其能够重新安装至原位。

(3)拆卸连杆轴承。

提示：按正确的顺序摆放拆下的零件。

(4)拆卸活塞环组件。

①使用活塞环扩张器,拆下 1 号压缩环和 2 号压缩环,如图 3-5 所示。

②手动拆下油环和油环胀圈。

提示：按正确的顺序摆放拆下的零件。

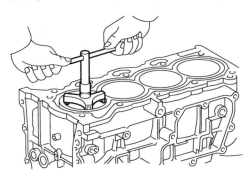

图 3-4 刮除汽缸顶部的积炭

图 3-5 拆下压缩环

(5)拆卸活塞。

①使用螺丝刀,撬出 2 个活塞销孔卡环,如图 3-6 所示。

②逐渐加热各活塞至 80~90℃(176~194℉),如图 3-7 所示。

③使用塑料锤和铜棒,轻轻敲出活塞销并拆下连杆,如图 3-8 所示。

提示：活塞和活塞销是一组配套件。按正确的顺序摆放活塞、活塞销、活塞环、连杆和连杆轴承。

图 3-6　撬出 2 个活塞销孔卡环

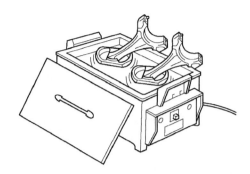
图 3-7　加热各活塞

(6)拆卸曲轴。

①按图 3-9 所示顺序,均匀拧松并拆下 10 个曲轴轴承盖固定螺栓。

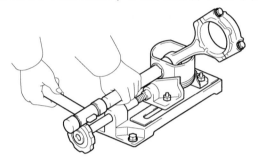
图 3-8　敲出活塞销并拆下连杆

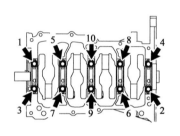
图 3-9　拆下曲轴轴承盖固定螺栓

②使用 2 个已拆下的曲轴轴承盖固定螺栓,拆下 5 个曲轴轴承盖和 5 个曲轴轴承,如图 3-10 所示。

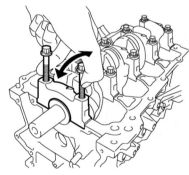

注意:依次将曲轴轴承盖固定螺栓插入曲轴轴承盖内。如图 3-10 所示,前后晃动曲轴轴承盖时,轻轻向上拉以松开曲轴轴承盖。不要损坏曲轴轴承盖和汽缸体分总成的接触面。

提示:将曲轴下轴承和曲轴轴承盖成套放置。按正确的顺序摆放曲轴轴承盖。

③从汽缸体分总成上提出曲轴。

④检查各曲轴轴颈和曲轴轴承是否有点蚀和划痕。如果轴颈或曲轴轴承损坏,则更换曲轴轴承。如有必

图 3-10　拆下曲轴轴承盖和曲轴轴承

要,则更换曲轴。

(7)拆卸曲轴上推力垫圈。从汽缸体分总成的 3 号轴颈位置上拆下 2 个曲轴上推力垫圈,如图 3-11 所示。

(8)拆卸曲轴轴承。

①从汽缸体分总成上拆下 5 个曲轴上轴承,如图 3-12 所示。

提示:按正确的顺序摆放拆下的零件。

②从 5 个曲轴轴承盖上拆下 5 个曲轴下轴承,如图 3-13 所示。

提示:按正确的顺序摆放拆下的零件。

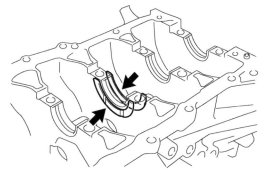
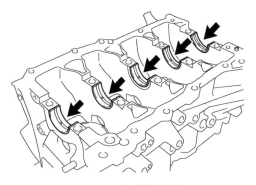

图3-11　拆下2个曲轴上推力垫圈　　　　图3-12　拆下曲轴上轴承

(9)拆卸1号机油喷嘴分总成。使用5mm六角套筒扳手,拆下4个螺栓和4个1号机油喷嘴分总成,如图3-14所示。

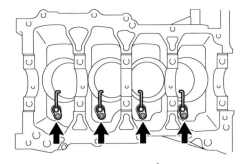

图3-13　拆下曲轴下轴承　　　　图3-14　拆下4个1号机油喷嘴分总成

(10)清洁汽缸体分总成。

注意:如果在高温下清洗汽缸体分总成,则汽缸套会伸出汽缸体分总成。务必在温度为45℃(113℉)或更低时清洗汽缸体分总成。

2. 曲柄连杆机构的装配

(1)安装1号机油喷嘴分总成。使用5mm六角套筒扳手和4个螺栓安装4个1号机油喷嘴分总成。

力矩:10N·m。

(2)安装活塞。

①使用螺丝刀,将新活塞销孔卡环安装到活塞销孔的一端,如图3-15所示。

提示:确保活塞销孔卡环的端隙与活塞上的切口部位错开。

②逐渐加热活塞至80~90℃(176~194℉)。

③将活塞的朝前标记与连杆对准,将连杆插入活塞,然后用拇指推入活塞销直至活塞销与活塞销孔卡环相接触,如图3-16所示。

提示:活塞和活塞销是一组配套件。

④使用螺丝刀,将新活塞销孔卡环安装到活塞销孔的另一端。

提示:确保活塞销孔卡环的端隙与活塞上的切口部位错开。

⑤在活塞销上来回移动活塞,检查活塞和活塞销之间的装配情况,如图3-17所示。

提示:更换活塞后,执行"维修后检查"。

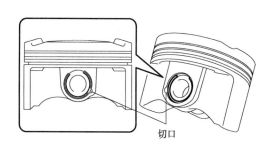

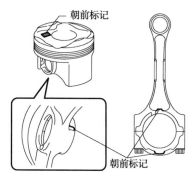

图 3-15　安装新活塞销孔卡环　　　　　　　图 3-16　安装活塞销

（3）安装活塞环组件。

①手动安装油环胀圈和油环，如图 3-18 所示。

注意：

a. 安装油环胀圈和油环，使其环端部处于相对侧。

b. 将油环胀圈牢固安装到油环的内侧凹槽中。

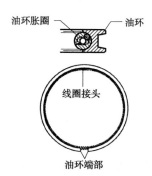

图 3-17　检查活塞与活塞销的装配情况　　　图 3-18　安装油环胀圈和油环

②使用活塞环扩张器，安装 1 号压缩环和 2 号压缩环以使油漆标记位于图 3-19 所示位置。

注意：

a. 安装 1 号压缩环，使任一侧朝上。

b. 安装 2 号压缩环，使代码标记（A2）朝上。

c. 油漆标记仅在新压缩环上检查得到。重新使用压缩环时，检查各压缩环外形以将其安装至正确位置。

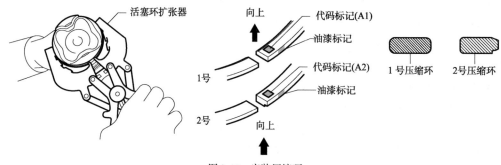

图 3-19　安装压缩环

③放置活塞环组件以使环端部处于图3-20所示位置。

提示:更换活塞环组件后,执行"维修后检查"。

(4)安装曲轴轴承。

①安装曲轴上轴承(除3号轴颈外),如图3-21所示。

a.将曲轴上轴承安装到汽缸体分总成上。

提示:通过曲轴轴承的机油供给孔应该可以看到汽缸体分总成中的机油槽两侧。孔两侧的可见量应相同。

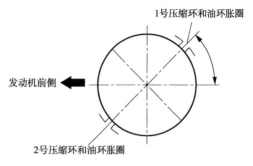

图3-20 设置活塞环组件

b.使用游标卡尺,测量汽缸体分总成边缘和曲轴上轴承边缘间的距离。

尺寸(A):0.5~1.0mm(0.0197~0.0394in)。

注意:不要在曲轴轴承或接触面上涂抹机油。

②安装曲轴上轴承(3号轴颈),如图3-22所示。

将曲轴上轴承安装到汽缸体分总成上。

提示:通过曲轴轴承的机油供给孔应该可以看到汽缸体分总成中的机油槽两侧。孔两侧的可见量应相同。

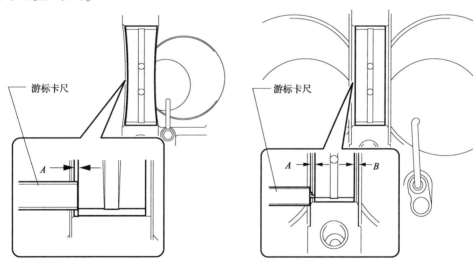

图3-21 安装曲轴上轴承　　　图3-22 安装曲轴上轴承

使用游标卡尺,测量汽缸体分总成边缘和曲轴上轴承边缘间的距离。

A和B之间的差值:0.5mm(0.0197in)或更小。

注意:不要在曲轴轴承或接触面上涂抹机油。

③安装曲轴下轴承。

a.将曲轴下轴承安装到曲轴轴承盖上。

b.使用游标卡尺,测量曲轴轴承盖边缘和曲轴下轴承边缘间的距离,如图3-23所示。

A和B之间的差值:0.5mm(0.0197in)或更小。

注意：不要在曲轴轴承或接触面上涂抹机油。

(5) 安装曲轴上推力垫圈。

①使机油槽向外,将2个曲轴上推力垫圈安装到汽缸体分总成3号轴颈位置,如图3-24所示。

②在曲轴上推力垫圈上涂抹机油。

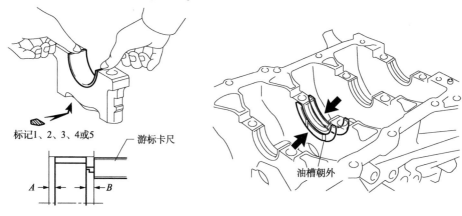

图3-23 安装曲轴下轴承　　　　图3-24 安装曲轴上推力垫圈

(6) 安装曲轴。

①在曲轴上轴承上涂抹机油,并将曲轴安装到汽缸体分总成上。

②在曲轴下轴承上涂抹机油。

③检查数字标记并将曲轴轴承盖安装到汽缸体分总成上,如图3-25所示。

④在曲轴轴承盖固定螺栓的螺纹上和螺栓头下部涂抹一薄层机油。

⑤暂时安装10个曲轴轴承盖固定螺栓,如图3-26所示。

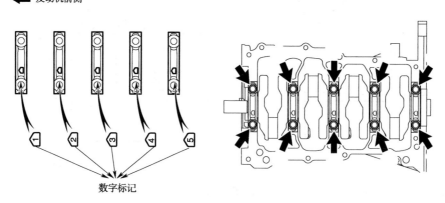

图3-25 安装曲轴轴承盖　　　　图3-26 安装曲轴轴承盖螺栓

⑥用手推动曲轴轴承盖直至曲轴轴承盖和汽缸体分总成之间的间隙小于5mm(0.197in),如图3-27所示。

⑦使用塑料锤,轻敲曲轴轴承盖以确保正确装配,如图3-28所示。

⑧安装曲轴轴承盖固定螺栓。

注意：分2步紧固曲轴轴承盖固定螺栓。

a. 步骤1。按图3-29所示顺序，均匀紧固10个曲轴轴承盖固定螺栓。
力矩：40N·m。

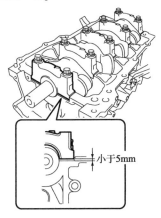

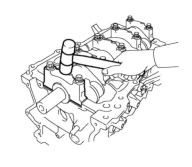

图3-27 曲轴轴承盖和汽缸体分总成之间的间隙　　　　图3-28 轻敲曲轴轴承盖

b. 步骤2。用油漆在曲轴轴承盖固定螺栓的前端做标记，如图3-30所示。
按图3-30所示顺序，再次紧固曲轴轴承盖固定螺栓90°。

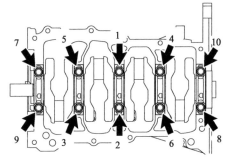

图3-29 紧固曲轴轴承盖固定螺栓　　　　图3-30 用油漆做标记

⑨检查并确认油漆标记现在与前侧成90°角。
⑩检查并确认曲轴转动平稳。
⑪检查曲轴轴向间隙。
单击此处发动机/混合动力系统＞1ZR–FE发动机机械部分＞汽缸体＞拆解。
(7) 安装连杆轴承。
①将连杆轴承安装到连杆和连杆盖上。
②使用游标卡尺，测量连杆和连杆轴承边缘之间及连杆盖和连杆轴承边缘之间的距离，如图3-31所示。
A和B之间的差值：0.7mm(0.0276in)或更小。
注意：不要在连杆轴承或接触面上涂抹机油。
(8) 安装带连杆的活塞分总成。
①在汽缸壁、活塞和连杆轴承表面上涂抹机油。
②放置活塞环组件以使环端部处于图3-32所示位置。
注意：各活塞环端部必须错开。

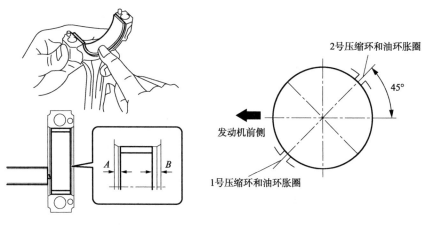

图 3-31 测量距离　　　　　　　　图 3-32 放置活塞环组件

③使用活塞环压缩器,将正确编号的活塞和连杆推入汽缸,使活塞的朝前标记朝前,如图 3-33 所示。

注意:

a. 插入带连杆的活塞分总成时,不要使其与 1 号机油喷嘴分总成接触。

b. 使连杆盖与连杆的编号相匹配。

④检查并确认连杆盖的朝前标记朝前并安装连杆盖,如图 3-34 所示。

⑤在连杆螺栓的螺纹上和螺栓头下部涂抹一薄层机油。

⑥安装连杆螺栓。

注意: 分 2 步紧固连杆螺栓。

⑦使用,SST09205-16011 分步交替紧固连杆螺栓,如图 3-35 所示。

力矩:20N·m。

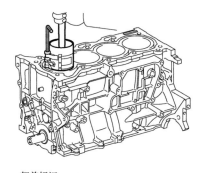

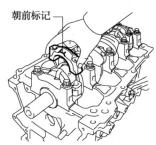

图 3-34 检查连杆盖的朝前标记

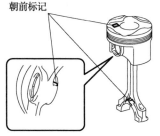

图 3-33 将活塞和连杆推入汽缸

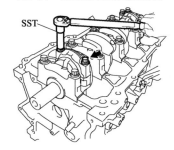

图 3-35 紧固连杆螺栓

⑧用油漆在连杆螺栓前部做标记。将连杆螺栓再次紧固90°。
⑨检查并确认油漆标记现在与前侧成90°角。
⑩检查并确认曲轴转动平稳。
⑪检查连杆轴向间隙。
(9) 安装1号通风箱。
①如图3-36所示,连续涂抹密封胶。
密封胶:丰田原厂黑密封胶、THREE BOND 1207B或同等产品。
涂抹规格,如图3-36所示。密封胶直径:2~3mm,自盖内侧边缘至密封胶中心的距离:5mm。

注意:
a. 清除接触面的所有机油。
b. 涂抹密封胶后3min内安装1号通风箱,并在15min内紧固螺栓和螺母。
c. 安装后至少2h内不要起动发动机。
②用6个螺栓和2个螺母安装1号通风箱,如图3-37所示。
力矩:10N·m。

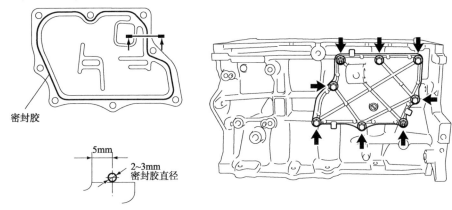

图3-36 连续涂抹密封胶　　　　图3-37 安装1号通风箱

七 考核标准

考核标准见表3-1。

考核标准表　　　　表3-1

序号	考核项目	满分	评分标准	得分
1	作业前整理工位	5	酌情扣分	
2	1号通风箱的拆卸	5	操作不当扣5分	
3	汽缸盖的拆卸	5	操作不当扣5分	
4	活塞连杆的拆卸	10	操作不当扣10分	
5	活塞的拆卸	10	操作不当扣10分	
6	曲轴的拆卸	10	操作不当扣10分	

续上表

序　号	考核项目	满　分	评分标准	得　分
7	曲轴的装配	10	操作不当扣10分	
8	活塞的装配	10	操作不当扣10分	
9	活塞连杆的装配	10	操作不当扣10分	
10	汽缸盖的装配	10	操作不当扣10分	
11	两人的配合	10	配合不当扣10分	
12	作业后整理工位	5	酌情扣分	
13	遵守相关安全规范	因违规操作造成人员和设备事故的,总分按0分计		
	分数合计	100		

实训 4　配气机构的拆装

一　实训目标

(1) 掌握正确使用拆装工具的方法。
(2) 掌握正确拆装配气机构组件的方法。
(3) 熟悉配气机构的各零件的名称、位置、结构和作用。

二　实训内容

1. 配气机构的作用

配气机构的作用是按照发动机每一汽缸内所进行的工作循环和发火次序的要求,定时开启和关闭各汽缸的进、排气门,使新鲜充量得以及时进入汽缸,废气得以及时从汽缸排出;在压缩与膨胀行程中,保证燃烧室的密封。新鲜充量对于汽油机而言是汽油和空气的混合气,对于柴油机而言是纯空气。气门式配气机构由气门组和气门传动组两部分组成,每组的零件组成则与气门的位置、凸轮轴的位置和气门驱动形式等有关。现代汽车发动机均采用顶置气门,即进、排气门置于汽缸盖内,倒挂在汽缸顶上。发动机配气机构如图 4-1 所示。

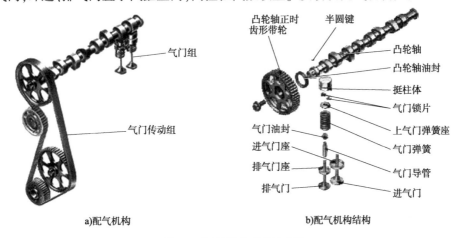

a) 配气机构　　　　　　　　b) 配气机构结构

图 4-1　发动机配气机构示意图

2. 配气机构按传动方式分类

现代发动机中,配气机构按传动方式分类常用分为:链传动机构和齿形带传动机构,如图 4-2 所示。

3. 实训任务

按照维修手册的规范要求对发动机配气机构各部件和总成进行拆装,通过拆装去观察和认识发动机配气机构的构成和基本工作原理。

a)链传动机构　　　　　　b)齿形带传动机构

图 4-2　链传动和齿形带传动

三 实训器材

(1)举升工位 4 个。
(2)丰田卡罗拉发动机 4 台。
(3)车辆防护三件套 4 套。
(4)常用汽车维修工具 4 套。

四 实训要求与注意事项

(1)在操作开始前,检查所有的设备并备齐工具。
(2)安装车轮挡块时,可以用举升机顶起部分车轮。
(3)三件套和翼子板布、前格栅布的安装方法要正确。
(4)注意防止热车时冷却液高温造成烫伤。
(5)实训过程要符合车辆维修的操作规程。

五 教学组织

1. 教学组织形式

本课程为"小班化"实训课,实训教师 1 名,学生 24 名,实训室共有 4 个实训工位,按照 6 人一个工位编组。

2. 实训教师职责

通过 PPT 课件展示、教学视频播放等教学手段,讲解实训任务的操作步骤和相关注意事项;组织学生进行分组;巡视、检查、指导和纠正学生操作中的错误;课堂总结;组织学生做好 5S 管理。

3. 学生职责

认真观看 PPT 课件和教学视频;完成教师布置的任务;做好课后的清洁、整理等 5S 管理工作。

实训4 配气机构的拆装

六 操作步骤

1. 凸轮轴的拆装

(1) 拆卸前围上外板分总成。

(2) 拆卸2号汽缸盖罩。

(3) 拆卸点火线圈总成。

(4) 断开2号通风软管。

(5) 断开发动机线束。

(6) 拆卸空气管。

(7) 拆卸汽缸盖罩分总成。

(8) 拆卸汽缸盖罩衬垫。

(9) 将1号汽缸设定至TDC/压缩。

① 转动曲轴皮带轮直至其正时槽口(凹槽)与正时链条盖分总成的正时标记"0"对准,如图4-3所示。

② 如图4-3所示,检查并确认排气凸轮轴正时齿轮总成和凸轮轴正时齿轮总成上的正时标记朝上。

如果没有对准,则转动曲轴1圈(360°)以对准图4-3所示的正时标记。

③ 将链条分总成上的油漆标记与凸轮轴正时链轮总成和排气凸轮轴正时链轮总成上的正时标记对准,如图4-4所示。

(10) 拆卸2号链条振动阻尼器。使用(SST 09961-00950),从凸轮轴轴承盖上拆下2个螺栓和2号链条振动阻尼器,如图4-5所示。

(11) 拆卸1号链条张紧器总成。

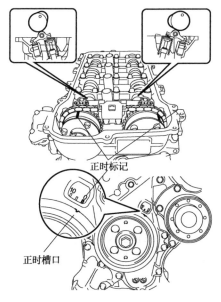

图4-3 对准正时标记

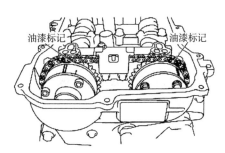

图4-4 油漆标记与正时标记对齐

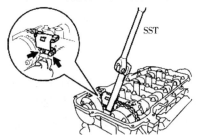

图4-5 拆卸2号链条振动阻尼器

(12)拆卸排气凸轮轴正时链轮总成。

①用扳手固定2号凸轮轴的六角部分时,用SST 09249-37010松开螺栓,如图4-6所示。

注意:不要拆下其他4个螺栓("TORX"梅花螺栓)。如果拆下其中任一个,则更换排气凸轮轴正时链轮总成。

提示:由于空间不足,无法从排气凸轮轴正时链轮总成上分别拆下螺栓。

②用扳手固定凸轮轴的六角部分,并逆时针轻轻转动凸轮轴以松开链条分总成。

注意:不要过度转动凸轮轴。

提示:由于无法使用有张力的链条拆下排气凸轮轴正时链轮总成,因此,务必松开链条分总成。

③拆下链条分总成时,水平拉出排气凸轮轴正时链轮总成,然后向上安装螺栓,如图4-7所示。

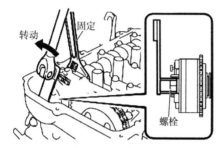 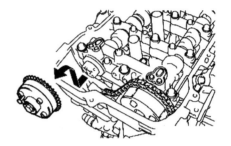

图4-6 用SST松开螺栓　　　　　图4-7 水平拉出排气凸轮轴正时链轮总成

(13)检查排气凸轮轴正时链轮总成。

①暂时安装排气凸轮轴正时链轮总成,如图4-8所示。

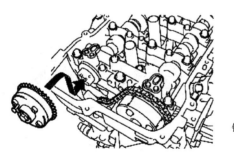 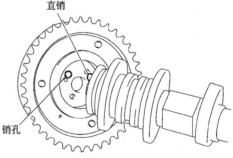

图4-8 暂时安装排气凸轮轴正时链轮总成

a.将螺栓插入排气凸轮轴正时链轮总成。

b.将2号凸轮轴上的直销与排气凸轮轴正时链轮总成内的销孔对准,并用螺栓将排气凸轮轴正时链轮总成暂时安装到2号凸轮轴上。

注意:

- 在该步骤中,不要将链条分总成安装到排气凸轮轴正时链轮总成上。
- 安装排气凸轮轴正时链轮总成时,不要使链条分总成干扰排气凸轮轴正时链轮总成。

②检查排气凸轮轴正时链轮总成的锁止情况。

检查并确认排气凸轮轴正时链轮总成锁止。

如果排气凸轮轴正时链轮总成未按规定工作,则将其更换。

③检查排气凸轮轴正时链轮总成的工作情况,如图4-9所示。

提示:如果排气凸轮轴正时链轮总成未按规定工作,则将其更换。

a. 如图4-9所示,清洁凸轮轴轴承盖内的排气侧VVT油孔后,用胶带或同等工具完全密封油孔以防止空气泄漏。

注意:确保完全密封油孔,因为由于密封不足而导致的漏气将影响锁销松开。

b. 如图4-9所示,在覆盖油孔的胶带上钻一个孔(步骤A)。

c. 向在步骤A中钻出的孔施加约200kPa的空气压力,以松开锁销,如图4-10所示。

注意:如果空气泄漏,则重新粘贴胶带;施加空气压力时用布盖住油孔以防止机油喷出。

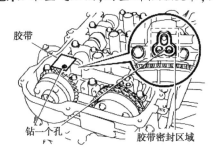 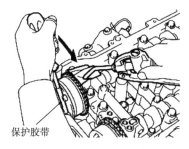

图4-9 检查排气凸轮轴正时链轮总成工作情况　　图4-10 向在步骤A中钻出的孔施加空气压力

d. 使用头部缠有保护胶带的螺丝刀,朝延迟方向(顺时针)用力转动排气凸轮轴正时链轮总成。

注意:确保使排气凸轮轴正时链轮总成朝向延迟方向。如果排气凸轮轴正时链轮总成松开,则其将在弹簧的作用力下自动回到提前位置。不要损坏排气凸轮轴正时链轮总成。

提示:凭借施加的空气压力,可能无须手动辅助即可使排气凸轮轴正时链轮总成朝延迟方向转动。

e. 使用头部缠有保护胶带的螺丝刀,在可移动范围(19°~21°)内转动排气凸轮轴正时链轮总成2~3次,但不要将其转到最大提前位置。检查并确认排气凸轮轴正时链轮总成转动平稳,如图4-11所示。

f. 锁止排气凸轮轴正时链轮总成。

注意:检查并确认排气凸轮轴正时链轮总成在最大提前位置锁止(其移动范围的最大提前位置)且无法再转动。

g. 从凸轮轴轴承盖上拆下胶带。

④拆下排气凸轮轴正时链轮总成,如图4-12所示。

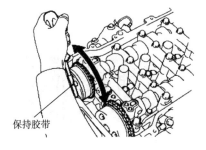 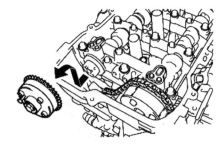

图4-11 检查并确认排气凸轮轴正时链轮总成转动平稳　　图4-12 拆下排气凸轮轴正时链轮总成

拆下暂时安装的排气凸轮轴正时链轮总成。

(14)检查凸轮轴正时链轮总成。

①检查凸轮轴正时链轮总成的锁止情况。

检查并确认凸轮轴正时链轮总成锁止。

如果凸轮轴正时链轮总成未按规定工作,则将其更换。

②检查凸轮轴正时链轮总成的工作情况,如图4-13所示。

提示:如果凸轮轴正时链轮总成未按规定工作,则将其更换。

a. 如图4-13所示,清洁凸轮轴轴承盖内的进气侧VVT油孔后,用胶带或同等工具完全密封油孔以防止空气泄漏。

注意:确保完全密封油孔,因为由于密封不足而导致的漏气将影响锁销松开。

b. 如图4-13所示,在覆盖油孔的胶带上钻一个孔(步骤B)。

c. 向在步骤B中钻出的孔施加约150kPa的空气压力,以松开锁销,如图4-14所示。

注意:如果空气泄漏,则重新粘贴胶带;施加空气压力时用布盖住油孔以防止机油喷出。

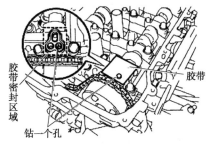

图4-13 检查凸轮轴正时链轮总成的工作情况　　图4-14 向在步骤B中钻出的孔施加空气压力

d. 用力将凸轮轴正时链轮总成朝提前方向(逆时针)转动。

提示:凭借施加的空气压力,可能无须手动辅助即可使凸轮轴正时链轮总成朝提前方向转动。

e. 在可移动范围(20.5°~22.5°)内转动凸轮轴正时链轮总成2~3次,不要将其转到最大延迟位置。检查并确认凸轮轴正时链轮总成转动平稳,如图4-15所示。

注意:不要锁止凸轮轴正时链轮总成;如果凸轮轴正时链轮总成锁止,则再次松开锁销。

f. 从凸轮轴轴承盖上拆下胶带。

(15)拆卸凸轮轴轴承盖。

①按图4-16所示顺序,均匀地拧松并拆下10个螺栓。

注意:在该步骤中不要拧松其他15个轴承盖螺栓。

提示:按正确的顺序摆放拆下的零件。

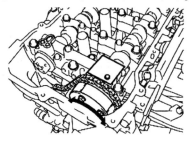 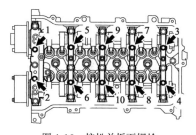

图4-15 检查并确认凸轮轴正时链轮总成转动平稳　　图4-16 拧松并拆下螺栓

②按图4-17所示顺序,拆下螺栓和凸轮轴轴承盖。拆下凸轮轴轴承盖后,立即按图4-17所示顺序安装连接螺栓和隔垫。

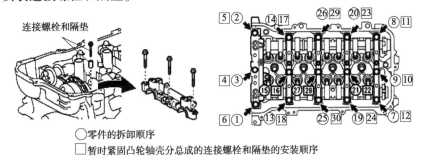

图4-17 安装连接螺栓和隔垫

力矩:27N·m。

注意:如果一次拧松所有螺栓,则可能剥离凸轮轴壳分总成和汽缸盖分总成上的FIPG,从而导致漏油。因此,确保一次将连接螺栓和隔垫安装到一个凸轮轴轴承盖上。安装连接螺栓和隔垫时,不要安装凸轮轴轴承盖。

提示:

a. 按正确的顺序摆放拆下的零件。

b. 用于暂时固定凸轮轴壳分总成连接螺栓的零件号:91551-G0875(15个螺栓)。

c. 用于暂时固定凸轮轴壳分总成隔垫的零件号:90387-12048(15个隔垫)。

(16)拆卸2号凸轮轴。从凸轮轴壳分总成上拆下2号凸轮轴,如图4-18所示。

(17)拆卸凸轮轴。

①抬升链条分总成并从凸轮轴壳分总成上拆下凸轮轴,如图4-19所示。

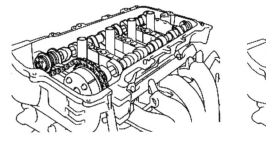

图4-18 拆卸2号凸轮轴

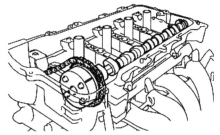

图4-19 拆卸凸轮轴

②使用细绳或类似物品悬挂链条分总成,如图4-20所示。

(18)拆卸凸轮轴正时链轮总成。

①将凸轮轴的六角部分固定在软面台虎钳内。

②拆下螺栓和凸轮轴正时链轮总成,如图4-21所示。

注意:

a. 拆下凸轮轴正时链轮总成前,确保锁销已松开。

b. 不要拆下其他4个螺栓。

c. 从凸轮轴上拆下凸轮轴正时链轮总成时,使其保持水平。

d. 如果要重新使用凸轮轴正时链轮总成,则务必在锁销松开的情况下使用。

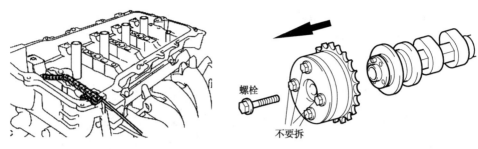

图 4-20 悬挂链条分总成　　　　　图 4-21 拆下凸轮轴正时链轮总成

(19)拆卸 1 号凸轮轴轴承。从凸轮轴轴承盖上拆下 2 个 1 号凸轮轴轴承,如图 4-22 所示。

注意:按正确的顺序摆放拆下的零件。

(20)拆卸 2 号凸轮轴轴承。从凸轮轴壳分总成上拆下 2 个 2 号凸轮轴轴承,如图 4-23 所示。

注意:按正确的顺序摆放拆下的零件。

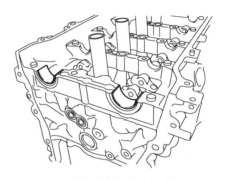

图 4-22　拆下 1 号凸轮轴轴承　　　　图 4-23　拆下 2 号凸轮轴轴承

(21)安装 1 号凸轮轴轴承。

①清洁 2 个 1 号凸轮轴轴承的表面。

注意:不要在 1 号凸轮轴轴承或接触面上涂抹机油。

②将 2 个 1 号凸轮轴轴承安装到凸轮轴轴承盖上。

③使用游标卡尺,测量凸轮轴轴承盖边缘和 1 号凸轮轴轴承边缘之间的距离,如图 4-24 所示。

A 和 B 之间的差值:0.7mm(0.0276 in)或更小。

注意:通过测量尺寸 A 和 B,将 1 号凸轮轴轴承固定至凸轮轴轴承盖中心。

(22)安装 2 号凸轮轴轴承。

①清洁 2 个 2 号凸轮轴轴承的表面。

注意:不要在 2 号凸轮轴轴承或接触面上涂抹机油。

②将 2 个 2 号凸轮轴轴承安装到凸轮轴壳分总成上。

③使用游标卡尺,测量凸轮轴壳分总成边缘和 2 号凸轮轴轴承边缘之间的距离,如图 4-25所示。

尺寸 A:1.05～1.75mm(0.0413～0.0689in)。

注意：通过测量尺寸 A，将 2 号凸轮轴轴承固定至凸轮轴壳分总成中心。

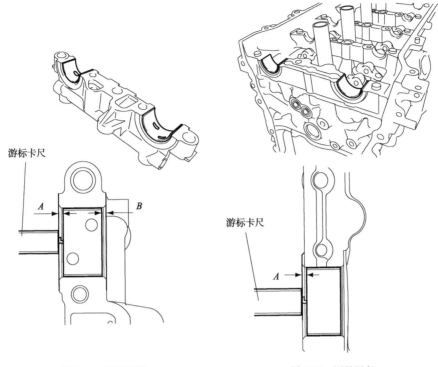

图 4-24　测量距离　　　　　　图 4-25　测量距离

（23）安装凸轮轴正时链轮总成。

①将凸轮轴的六角部分固定在软面台虎钳内。

②检查并确认直销安装在凸轮轴上。

③如图 4-26 所示，使直销和键槽错开，将凸轮轴正时链轮总成和凸轮轴安装在一起。

注意：不要用力推凸轮轴正时链轮总成。否则，直销顶部可能损伤凸轮轴正时齿轮总成的安装表面。

④如图 4-27 所示，在将凸轮轴正时链轮总成轻轻压向凸轮轴的同时，转动凸轮轴正时链轮总成。将直销进一步推入键槽中。

注意：不要使凸轮轴正时链轮总成朝延迟方向转动。

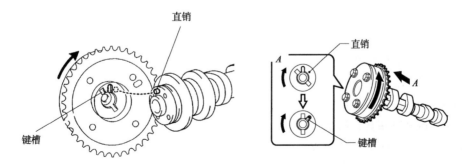

图 4-26　安装凸轮轴正时链轮总成　　　图 4-27　转动凸轮轴正时链轮总成

⑤检查并确认凸轮轴正时链轮总成与凸轮轴凸缘之间无间隙,如图4-28所示。
⑥在凸轮轴正时链轮总成牢固到位的情况下紧固螺栓,如图4-29所示。

力矩:54N·m。

注意:紧固螺栓时,不要使凸轮轴正时链轮总成转动。

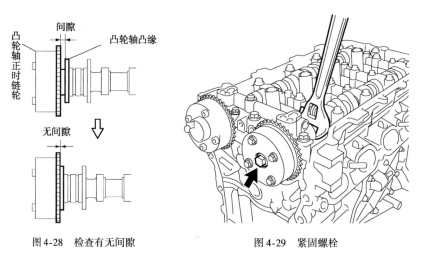

图4-28 检查有无间隙　　图4-29 紧固螺栓

⑦检查并确认凸轮轴正时链轮总成可朝延迟方向(顺时针)移动并锁止在最大延迟位置,如图4-30所示。

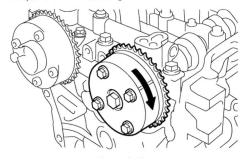

图4-30 检查凸轮轴正时链轮总成

提示:更换凸轮轴正时链轮总成后,执行"维修后检查"。

2. 正时链条的拆装

(1)拆卸机油加注口盖分总成。
(2)拆卸机油加注口盖衬垫。
(3)拆卸发动机罩接头。
(4)拆卸火花塞。
(5)拆卸凸轮轴位置传感器。
(6)拆卸凸轮轴正时机油控制阀总成(排气侧)。
(7)拆卸凸轮轴正时机油控制阀总成(进气侧)。
(8)拆卸曲轴位置传感器。
(9)拆卸机油压力开关总成。
(10)拆卸爆震控制传感器。
(11)拆卸发动机冷却液温度传感器。
(12)拆卸汽缸盖罩分总成。
(13)拆卸汽缸盖罩衬垫。
(14)拆卸火花塞套管衬垫。
(15)拆卸机油滤清器分总成。
(16)拆卸机油滤清器座。
(17)将1号汽缸设定至TDC/压缩。

(18)拆卸曲轴皮带轮。

(19)拆卸1号链条张紧器总成。拆下2个螺母、支架、1号链条张紧器总成和衬垫,如图4-31所示。

注意:在未安装1号链条张紧器总成的情况下不要转动曲轴。

(20)拆卸正时链条盖分总成。

①从发动机右悬置支架上拆下双头螺柱,如图4-32所示。

图4-31 拆卸1号链条张紧器总成

注意:如果双头螺柱变形或螺纹损坏,则将其更换。

②从正时链条盖分总成上拆下3个螺栓和发动机右悬置支架。

③从正时链条盖分总成上拆下4个螺栓和机油滤清器支架。

④从正时链条盖分总成上拆下2个O形圈,如图4-33所示。

图4-32 拆下双头螺柱

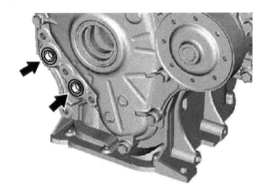

图4-33 拆下2个O形圈

⑤拆下19个螺栓和密封垫圈,如图4-34所示。

⑥如图4-35所示,用螺丝刀撬动正时链条盖分总成和汽缸盖分总成或汽缸体分总成之间的部位,以拆下正时链条盖分总成。

图4-34 拆下19个螺栓和密封垫圈

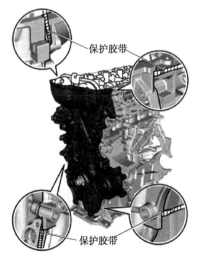

图4-35 拆下正时链条盖分总成

注意：小心不要损坏汽缸盖分总成、凸轮轴壳分总成、汽缸体分总成、加强曲轴箱总成和正时链条盖分总成的接触面。

提示：使用螺丝刀之前，请在螺丝刀头部缠上胶带。

⑦从汽缸体分总成上拆下O形圈，如图4-36所示。

⑧从汽缸盖分总成上拆下2个O形圈。

⑨从正时链条盖分总成上拆下3个螺栓和发动机水泵总成，如图4-37所示。

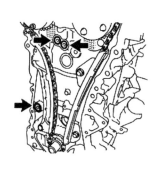

图4-36 拆下O形圈　　　　图4-37 拆下发动机水泵总成

⑩从正时链条盖分总成上拆下水泵衬垫，如图4-38所示。

(21)拆卸正时链条盖油封。

使用螺丝刀敲出正时链条盖油封，如图4-39所示。

注意：不要损坏正时链条盖油封压力装配孔的表面。

提示：使用螺丝刀之前，请在螺丝刀头部缠上胶带。

(22)拆卸进水口壳双头螺柱。

注意：如果进水口壳双头螺柱变形或螺纹损坏，则将其更换。

使用"TORX"梅花套筒扳手E5，拆下2个进水口壳双头螺柱。

(23)拆卸进水口壳。

(24)拆卸1号发电机支架。

(25)拆卸2号链条振动阻尼器。从凸轮轴轴承盖上拆下2个螺栓和2号链条振动阻尼器，如图4-40所示。

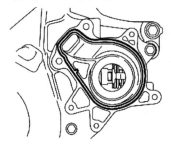
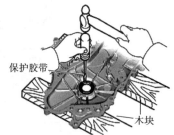
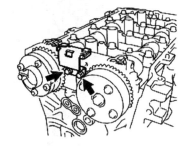

图4-38 拆下水泵衬垫　　　图4-39 敲出正时链条盖油封　　　图4-40 拆下2号链条振动阻尼器

(26)拆卸链条张紧器导板。从汽缸体分总成上拆下链条张紧器导板，如图4-41所示。

(27)拆卸1号链条振动阻尼器。拆下2个螺栓和1号链条振动阻尼器，如图4-42所示。

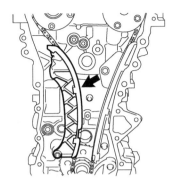

图 4-41 拆下链条张紧器导板

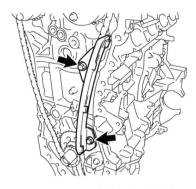

图 4-42 拆下 1 号链条振动阻尼器

(28)拆卸链条分总成。

①用扳手固定凸轮轴的六角部分,并逆时针转动凸轮轴正时链轮总成以松开凸轮轴正时链轮总成和排气凸轮轴正时链轮总成之间的链条分总成,如图 4-43 所示。

②链条分总成松开时,从凸轮轴正时链轮总成上松开链条分总成,并将其置于凸轮轴正时链轮总成上。

提示:确保从链轮上完全松开链条分总成。

③顺时针转动凸轮轴,使其回到原来位置,并拆下链条分总成。

(29)拆卸曲轴正时链轮。

从曲轴上拆下曲轴正时链轮,如图 4-44 所示。

(30)拆卸 2 号链条分总成。

①暂时用曲轴皮带轮固定螺栓安装曲轴皮带轮。

②使用 SST 09213-54015 09330-00021 固定曲轴皮带轮。然后拆下机油泵主动轴链轮螺母,如图 4-45 所示。

提示:SST 安装螺栓的零件号(曲轴皮带轮固定工具):91551-00850(数量:2)。

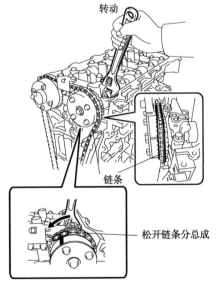

图 4-43 松开链条分总成

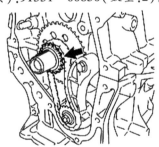

图 4-44 拆下曲轴正时链轮

图 4-45 拆下机油泵主动轴链轮螺母

③拆下 SST、曲轴皮带轮固定螺栓和曲轴皮带轮。
④拆下螺栓、链条张紧器盖板和链条减振弹簧,如图 4-46 所示。
⑤拆下机油泵主动链轮、机油泵主动轴链轮和 2 号链条分总成,如图 4-47 所示。

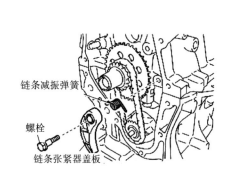 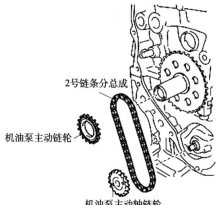

图 4-46 拆下螺栓、链条张紧器盖板和链条减振弹簧　　　图 4-47 拆下 2 号链条分总成

(31)安装 2 号链条分总成。
①暂时安装曲轴皮带轮固定螺栓。

②如图 4-48 所示,设定曲轴正时链轮键。
③转动机油泵主动轴,使切口朝上。
④拆下曲轴皮带轮固定螺栓。
⑤如图 4-49 所示,将黄色标记板与机油泵主动链轮和机油泵主动轴链轮正时标记对准。
⑥在 2 号链条分总成环绕在机油泵主动链轮和机油泵主动轴链轮上时,将机油泵主动链轮安装到曲轴上

图 4-48 设定曲轴正时链轮键

并将机油泵主动轴链轮暂时安装到机油泵主动轴上。
⑦暂时安装机油泵主动轴链轮螺母。
⑧将链条减振弹簧安装到链条张紧器盖板上,然后用螺栓安装链条张紧器盖板。

力矩:10N·m。
⑨暂时用曲轴皮带轮固定螺栓安装曲轴皮带轮。
⑩使用 SST 09213-54015 09330-00021 固定曲轴皮带轮。然后紧固机油泵主动轴链轮螺母,如图 4-50 所示。

力矩:28N·m。

提示:SST 安装螺栓的零件号(曲轴皮带轮固定工具):91551-00850(数量:2)。
⑪拆下 SST、曲轴皮带轮固定螺栓和曲轴皮带轮。

(32)安装曲轴正时链轮。如图 4-51 所示,将曲轴正时链轮安装到曲轴上。
(33)安装 1 号链条振动阻尼器。用 2 个螺栓安装 1 号链条振动阻尼器,如图 4-52 所示。

力矩:21N·m。

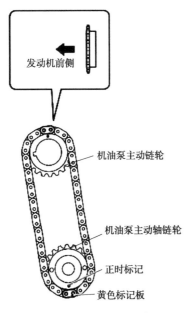

图 4-49　将黄色标记板与正时标记对准

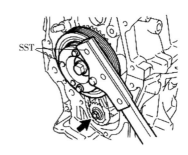

图 4-50　固定曲轴皮带轮

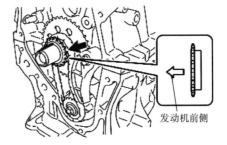

图 4-51　安装曲轴正时链轮

(34) 安装链条分总成。

① 检查并确认 1 号汽缸处于 TDC/压缩状态。

a. 暂时紧固曲轴皮带轮固定螺栓。

b. 逆时针转动曲轴,以使曲轴正时链轮键位于顶部,如图 4-53 所示。

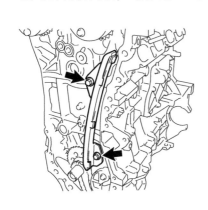

图 4-52　安装 1 号链条振动阻尼器

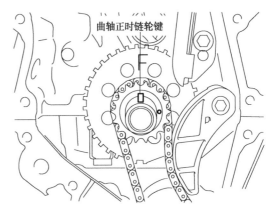

图 4-53　曲轴正时链轮键位于顶部

c. 拆下曲轴皮带轮固定螺栓。

d. 如图 4-54 所示,检查并确认凸轮轴正时链轮总成和排气凸轮轴正时链轮总成的正时标记对准。

② 如图 4-55 所示,将标记板(橙色)与正时标记对准并安装链条分总成。

提示:

- 确保使标记板位于发动机总成前端。

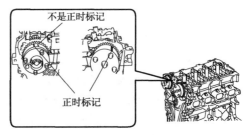

图 4-54　检查正时标记

- 凸轮轴侧的标记板为橙色。
- 不要使链条分总成环绕在凸轮轴正时链轮总成的链轮上。只可将其放置在链轮上。
- 将链条分总成穿过1号振动阻尼器。

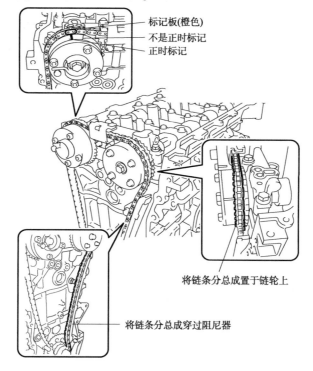

图 4-55 安装链条分总成

③将链条分总成放置在曲轴上,但不要使其环绕在轴上,如图 4-56 所示。

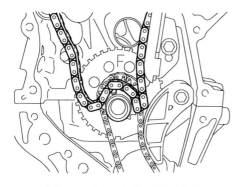

图 4-56 将链条分总成放置在曲轴上

④用扳手固定凸轮轴的六角部分,并逆时针转动凸轮轴正时链轮总成,以使标记板(橙色)和正时标记对准,如图 4-57 所示。

提示:

a. 确保使标记板位于发动机总成前端。

b. 凸轮轴侧的标记板为橙色。

⑤用扳手固定凸轮轴的六角头部分,并顺时针转动凸轮轴正时链轮总成。

提示: 为张紧链条分总成,顺时针缓慢转动凸轮轴正时链轮总成,以防链条分总成错位。

⑥将标记板(粉色)与正时标记对准,并将链条分总成安装到曲轴正时链轮总成上,如图 4-58 所示。

提示: 曲轴侧的标记板为粉色。

⑦在 TDC/压缩时,重新检查各正时标记,如图 4-59 所示。

(35)安装链条张紧器导板。将链条张紧器导板安装到汽缸体分总成上,如图 4-60 所示。

(36)安装2号链条振动阻尼器。用2个螺栓将2号链条振动阻尼器安装到凸轮轴轴承盖上,如图4-61所示。

力矩:10N·m。

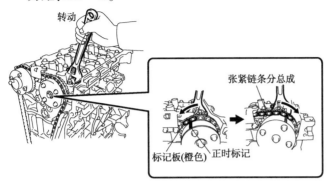

图4-57 标记板与正时标记对准

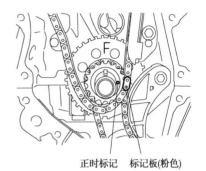

图4-58 安装链条分总成

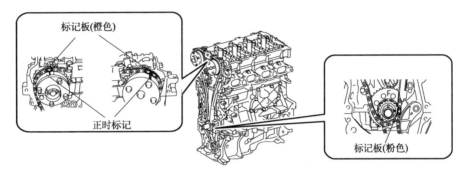

图4-59 检查各正时标记

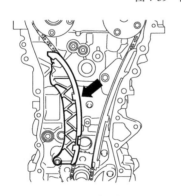

图4-60 安装链条张紧器导板

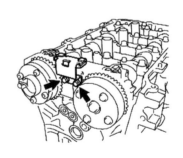

图4-61 安装2号链条振动阻尼器

(37)安装1号发电机支架。用4个螺栓将1号发电机支架安装到汽缸体分总成上,如图4-62所示。

力矩:24N·m。

(38)安装进水口壳。用3个螺栓将新衬垫和进水口壳安装到正时链条盖分总成上。

力矩:21N·m。

(39)安装进水口壳双头螺柱,使用"TORX"梅花套筒扳手E5安装2个进水口壳双头螺柱。

力矩:5.0N·m。

(40)安装正时链条盖油封。

①使用 SST 09223-22010 敲入新的正时链条盖油封直至其表面与正时链条盖分总成边缘齐平,如图 4-63 所示。

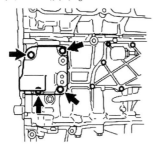

图 4-62　安装 1 号发电机支架

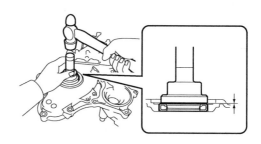

图 4-63　安装正时链条盖油封

②在正时链条盖油封的唇口涂抹一薄层通用润滑脂。

注意:

a. 使唇口远离异物。

b. 不要斜敲正时链条盖油封。

c. 确保正时链条盖油封边缘未伸出正时链条盖分总成。

(41)安装正时链条盖分总成。

①将新水泵衬垫安装到正时链条盖分总成上。

注意:清除接触面的所有机油。

②用 3 个螺栓将发动机水泵总成安装到正时链条盖分总成上。

力矩:21N·m。

③拆下残留的填料。

④清洁正时链条盖分总成、凸轮轴壳分总成、汽缸盖分总成、汽缸体分总成和加强曲轴箱总成的接触面,并确认表面上无残留机油、潮气或其他异物,如图 4-64 所示。

⑤将 2 个新 O 形圈安装到汽缸盖分总成上,如图 4-65 所示。

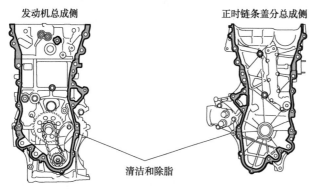

图 4-64　清洁总成接触面

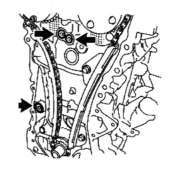

图 4-65　安装新 O 形圈

⑥将新 O 形圈安装到汽缸体分总成上。

⑦如图 4-66 所示,在发动机单元上涂抹密封胶。

密封胶：丰田原厂黑密封胶、THREE BOND 1207B 或同等产品。
标准密封直径：5.0 mm（0.197 in）。
注意：涂抹密封胶后在 3min 内安装正时链条盖分总成，并在 10min 内紧固螺栓。

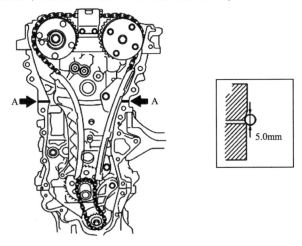

图 4-66　在发动机单元上涂抹密封胶

⑧在正时链条盖分总成上连续涂抹密封胶。
⑨清洁螺栓及其安装孔。
⑩在螺栓（C）端部 5 个半或更多个螺纹上涂抹黏合剂，如图 4-67 所示。
黏合剂：丰田原厂黏合剂 1324、THREE BOND 1324 或同等产品。
⑪用 19 个螺栓和新密封垫圈暂时安装正时链条盖分总成，如图 4-68 所示。
注意：确保螺栓的螺纹上没有机油。

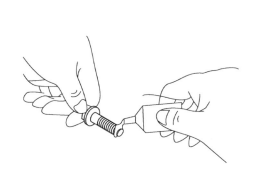

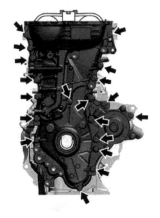

图 4-67　涂抹黏合剂　　　　图 4-68　暂时安装正时链条盖分总成

⑫用 3 个螺栓将发动机右悬置支架暂时安装到正时链条盖分总成上。
注意：确保螺栓的螺纹上没有机油。
⑬将 2 个新 O 形圈安装到正时链条盖分总成上。
⑭用 4 个螺栓将机油滤清器支架暂时安装到正时链条盖分总成上。
注意：确保螺栓的螺纹上没有机油。

⑮按图4-69所示,完全紧固26个螺栓。

注意:

a. 涂抹密封胶后10min内紧固螺栓。

b. 安装后至少2h内不要加注机油。

c. 安装后至少2h内不要起动发动机。

⑯将双头螺柱安装到发动机右悬置支架上,如图4-70所示。

力矩:10N·m。

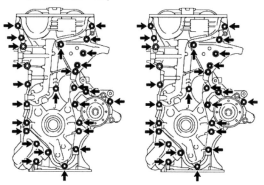

图4-69 完全紧固26个螺栓　　　　图4-70 安装双头螺柱

(42) 安装曲轴皮带轮。

(43) 安装1号链条张紧器总成。

①提起棘轮爪,然后完全推入柱塞,并将挂钩接合到销上以使柱塞位于图4-71所示位置。

注意:确保凸轮固定在柱塞的第一个齿上,使挂钩穿过销,如图4-71所示。

②用2个螺母安装新衬垫、支架和1号链条张紧器总成,如图4-72所示。

力矩:12 N·m。

注意:如果安装1号链条张紧器总成时挂钩松开柱塞,则再次接合挂钩。

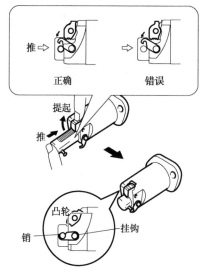 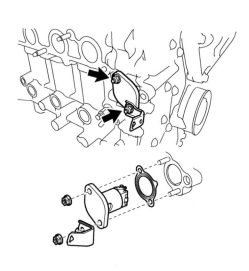

图4-71 将挂钩接合到销上　　　　图4-72 安装1号链条张紧器总成

③逆时针轻轻转动曲轴,检查并确认挂钩松开,如图4-73所示。

④顺时针转动曲轴,然后检查并确认柱塞伸长,如图4-74所示。

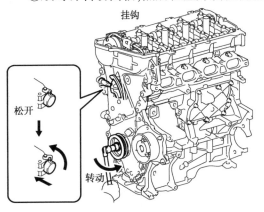

图4-73 检查并确认挂钩松开

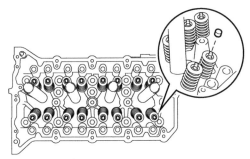

图4-74 检查并确认柱塞伸长

3. 气门的拆装

(1)拆卸气门杆盖。拆下16个气门杆盖,如图4-75所示。

提示:按正确的顺序摆放拆下的零件。

(2)拆卸进气门。

①将汽缸盖分总成放到木块上。

②使用SST 09202-70020 (09202-00010)压缩并拆下2个气门弹簧座圈半锁,如图4-76所示。

提示:按正确的顺序摆放拆下的零件。

③从汽缸盖分总成上拆下气门弹簧座圈、内压缩弹簧和进气门。

提示:按正确的顺序摆放拆下的零件。

图4-75 拆下气门杆盖

(3)拆卸排气门。

①将汽缸盖分总成放到木块上。

②使用SST 09202-70020 (09202-00010)压缩并拆下2个气门弹簧座圈半锁,如图4-77所示。

提示:按正确的顺序摆放拆下的零件。

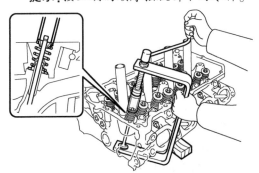

图4-76 拆下气门弹簧座圈半锁

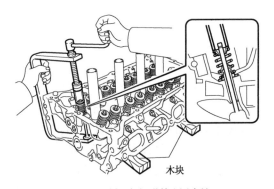

图4-77 拆下气门弹簧座圈半锁

③从汽缸盖分总成上拆下气门弹簧座圈、内压缩弹簧和排气门。

提示：按正确的顺序摆放拆下的零件。

(4) 拆卸气门杆油封。使用尖嘴钳拆下16个气门杆油封，如图4-78所示。

(5) 拆卸气门弹簧座。

注意：如果2号直螺纹塞冷却液泄漏或螺纹塞腐蚀，则将其更换。

使用压缩空气和磁力手，吹入空气以从汽缸盖分总成上拆下16个气门弹簧座，如图4-79所示。

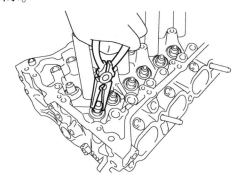
图4-78 拆下气门杆油封

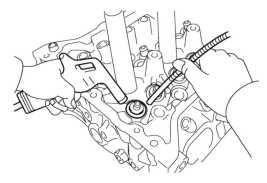
图4-79 拆下气门弹簧座

(6) 拆卸2号直螺纹塞。使用10mm直六角扳手，拆下3个2号直螺纹塞和3个衬垫，如图4-80所示。

(7) 安装2号直螺纹塞。

用10mm直六角扳手安装3个新衬垫和3个2号直螺纹塞，如图4-81所示。

力矩：44N·m。

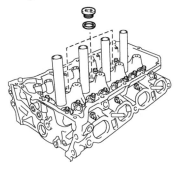
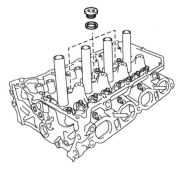

图4-80 拆下2号直螺纹塞   图4-81 安装2号直螺纹塞

(8) 安装气门弹簧座

(9) 安装排气门杆油封。

①气门杆油封上涂抹一薄层机油。

注意：安装进气门杆油封和排气门杆油封时应特别小心。例如，将进气门油封安装到排气侧或将排气门油封安装到进气侧，会导致以后的安装故障。

提示：进气门杆油封为灰色，排气门杆油封为黑色，如图4-82所示。

②使用SST 09201－41020压入16个气门杆油封，如图4-83所示。

注意：若不用SST，会造成气门杆油封损坏或安装不当。

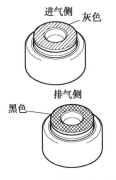

图4-82 进排气门杆油封

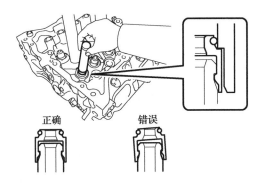

图4-83 压入气门杆油封

(10)安装进气门。

①将汽缸盖分总成放到木块上。

②如图4-84所示,在进气门的顶部区域涂抹机油。

③将进气门、内压缩弹簧和气门弹簧座圈安装到汽缸盖分总成上。

注意:将相同组合内的相同零件安装到其原位置上。

④使用SST 09202-70020(09202-00010)压缩内压缩弹簧并安装2个气门弹簧座圈半锁,如图4-85所示。

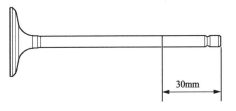

图4-84 在进气门的顶部区域涂抹机油

⑤使用塑料锤,轻敲进气门杆顶部以确保正确装配,如图4-86所示。

注意:

a. 小心不要损坏进气门杆顶部。

b. 小心不要损坏气门弹簧座圈。

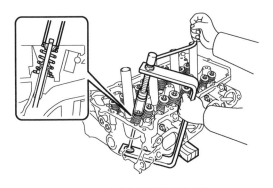

图4-85 安装气门弹簧座圈半锁

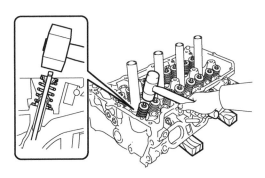

图4-86 轻敲进气门杆顶部

(11)安装排气门。安装方法及步骤如步骤(9)。

(12)安装气门杆盖。

在气门杆盖上涂抹一薄层机油。安装16个气门杆盖。

提示:不要将气门杆盖掉入汽缸盖分总成中。

七 考核标准

考核标准见表4-1。

考 核 标 准 表　　　　　　　表 4-1

序　号	考核项目	满　分	评分标准	得　分
1	作业前整理工位	5	酌情扣分	
2	工位停车	5	停车不当扣5分	
3	车辆可靠停靠	5	操作不当扣5分	
4	凸轮轴的拆卸	10	操作不当扣10分	
5	凸轮轴的安装	10	操作不当扣10分	
6	正时链条的拆卸	10	操作不当扣10分	
7	正时链条的安装	10	操作不当扣10分	
8	气门的拆卸	10	操作不当扣10分	
9	气门的安装	10	操作不当扣10分	
10	配合情况	10	配合不当扣10分	
11	安装完毕后的检查	10	检查不到位适当扣分	
12	作业后整理工位	5	酌情扣分	
13	遵守相关安全规范	因违规操作造成人员和设备事故的,总分按0分计		
	分数合计	100		

实训 5　燃料系统的拆装

实训目标

(1) 掌握正确使用拆装工具的方法。
(2) 掌握正确拆装燃料系统组件的方法。
(3) 熟悉燃料系统的各零件的名称、位置、结构和作用。

实训内容

1. 燃油供给系统的组成

燃油供给系统是指用来供给可燃混合气的装置。当然由于燃料的不同,供给方式会有所不同。例如汽油供给系统是根据发动机的要求,配制出一定数量和浓度的混合气,供入汽缸,并将燃烧后的废气从汽缸内排出到大气中去。

燃油供给系统包括燃油箱、燃油泵、燃油缓冲器、燃油压力调节器、燃油滤清器、喷油器、节温定时开关和冷起动阀(冷起动喷油器)等部件,如图5-1所示。

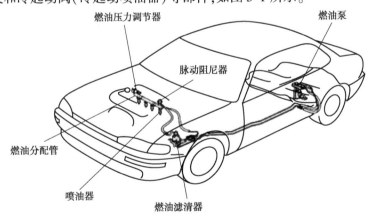

图5-1　发动机燃油供给系统组成

(1) 燃油箱(汽油箱)——储存燃油用。

(2) 燃油泵(电动汽油泵)——其作用是将燃油从燃油箱中泵入燃油管路,并使燃油保持一定的压力,经过滤清器输送到燃油喷油器和冷起动阀。

燃油泵按其安装位置分为外装泵和内装泵两种。外装泵即将泵装在油箱之外的输油管路中,内装泵则是将泵安装在燃油箱内。与外装泵比较,内装泵不易产生气阻和燃油泄漏,且噪声小。目前大多数 EFI 采用内装泵。

(3) 燃油缓冲器——也称脉动阻尼器。其作用是使燃油泵泵出的油压变得平稳,减少油压波动和降低噪声。

（4）燃油压力调节器——油路中安装有压力调节器，它使燃油压力相对于大气压力或进气管负压保持一定，即保持喷油压力与喷油环境压力的差值一定。此压力差一般维持在250kPa，当供油压力超过规定值时，压力调节器内的减压阀打开，汽油便经过回油管流回油箱，使输油管油压保持恒定。

（5）燃油滤清器——装于燃油缓冲器与喷油器之间的油路中，其作用是滤除燃油中的水分和杂质等污物，以防堵塞喷油器计阀。

（6）喷油器——喷油器安装在节气门体空气入口处（SPI系统）或进气歧管靠近各缸进气门附近（MPI系统），受电子控制器喷油信号的控制，其喷油量由喷油器通电时间的长短决定，从而将适量的燃油成雾状喷入进气歧管。喷油器的喷油原理是：由电子控制器送来喷油电流信号，电流流经电磁线圈产生电磁吸力，该吸力吸引铁芯，由于针阀与铁芯制一体，故此时计阀打开，燃油由喷油器喷出。

（7）节温定时开关和冷起动阀（冷起动喷油器）——节温定时开关的作用是监测冷却液的温度，当发动机起动，冷却液温度低114C时，开关的触点闭合，使冷起动阀喷油。冷起动阀的作用是在冷起动发动机时向进气歧管喷射额外的燃油，以改善低温起动性能。有不少车已取消了节温定时开关，冷起动喷油器的工作完全由ECU控制，控制精度更高。

2. 燃油供给系统的工作原理

如图5-2所示，电喷发动机燃油供给系统由油箱、电动汽油泵、汽油滤清器、燃油分配管、油压调节器、喷油器、冷起动喷嘴和输油管等组成，有的还设有油压脉动缓冲器。

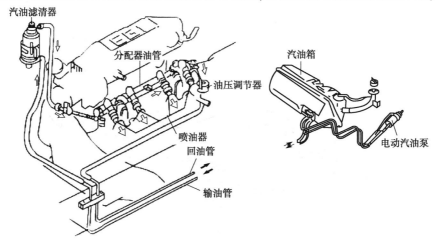

图5-2 燃油供给系统的组成

（1）电动汽油泵。

如图5-3所示，电喷发动机的汽油泵是由电动机驱动的，所以也称为电动汽油泵，是一个电动机和油泵的集成体，安装在油箱内，常见的电动汽油泵有两种类型，即滚柱式电动汽油泵和叶片式电动汽油泵。

（2）燃油分配管。

图5-3 发动机电动汽油泵

如图5-4所示，燃油分配管也被称作分配油管或共轨，其功用是将汽油均匀、等压地输送给各缸喷油器。由于它的容积较大,故有储油蓄压、减缓油压脉动的作用。

(3)喷油器。

如图 5-5 所示,喷油器的功用是按照电控单元的指令将一定数量的汽油适时地喷入进气道或进气管内,并与其中的空气混合形成可燃混合气。喷油器的通电、断电由电控单元控制。电控单元以电脉冲的形式向喷油器输出控制电流。当电脉冲从零升起时,喷油器因通电而开启;电脉冲回落到零时,喷油器又因断电而关闭。电脉冲从升起到回落所持续的时间称为脉冲宽度。若电控单元输出的脉冲宽度短,则喷油持续时间短,喷油量少;若电控单元输出的脉冲宽度长,则喷油持续时间长,喷油量多。一般喷油器针阀升程约为 0.1mm,而喷油持续时间在 2~10ms 范围内。

图 5-4　发动机燃油分配管　　图 5-5　发动机喷油器

(4)油压调节器。

如图 5-6 所示,油压调节器的功用是使燃油供给系统的压力与进气管压力之差即喷油压力保持恒定。因为喷油器的喷油量除取决于喷油持续时间外,还与喷油压力有关。在相同的喷油持续时间内,喷油压力越大,喷油量越多,反之亦然。所以只有保持喷油压力恒定不变,才能使喷油量在各种负荷下都只唯一地取决于喷油持续时间或电脉冲宽度,以实现电控单元对喷油量的精确控制。

(5)油压脉动缓冲器。

如图 5-7 所示,当汽油泵泵油、喷油器喷射及油压调节器的回油平面阀开闭时,都将引起燃油管路中油压的脉动和脉动噪声。燃油压力脉动太大使油压调节器的工作失常。油压脉动缓冲器的作用就是减小燃油管路中油压的脉动和脉动噪声,并能在发动机停机后保持油路中有一定的压力,以利于发动机重新起动。

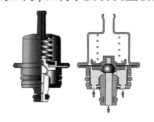 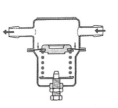

图 5-6　发动机油压调节器　　图 5-7　发动机燃油压力脉动缓冲器

(6)冷起动喷嘴及热时间开关。

冷起动喷嘴的功用是当发动机低温起动时,向进气管喷入一定数量附加的汽油,以加浓混合气。冷起动喷嘴也是一个电磁阀,故又称冷起动阀。冷起动喷嘴的开启和持续喷油的时间取决于发动机的温度,并由热时间开关控制。冷起动喷嘴安装在进气管上,热时间开关装在机体上并与冷却液接触。

3. 实训任务

按照维修手册的规范要求对发动机燃油系统各个部件和总成进行拆装,通过拆装去观察和认识发动机燃油系统的构成和基本工作原理。

三 实训器材

(1)举升工位4个。
(2)丰田卡罗拉轿车4辆。
(3)车辆防护三件套4套。
(4)常用汽车维修工具4套。

四 实训要求与注意事项

(1)在操作开始前,检查所有的设备并备齐工具。
(2)安装车轮挡块时,可以用举升机顶起部分车轮。
(3)三件套和翼子板布、前格栅布的安装方法要正确。
(4)注意防止燃油泄漏造成火灾。
(5)实训过程要符合车辆维修的操作规程。

五 教学组织

1. 教学组织形式

本课程为"小班化"实训课,实训教师1名,学生24名,实训室共有4个实训工位,按照6人一个工位编组。

2. 实训教师职责

通过PPT课件展示、教学视频播放等教学手段,讲解实训任务的操作步骤和相关注意事项;组织学生进行分组;巡视、检查、指导和纠正学生操作中的错误;课堂总结;组织学生做好5S管理。

3. 学生职责

认真观看PPT课件和教学视频;完成教师布置的任务;做好课后的清洁、整理等5S管理工作。

六 操作步骤

1. 喷油器的拆装

(1)燃油系统卸压。
(2)断开蓄电池负极(-)端子电缆。
注意:将点火开关置于OFF位置后,断开蓄电池负极(-)端子电缆前,可能需要等待一段时间。因此,继续工作前,确保阅读断开蓄电池负极(-)端子电缆的注意事项。
(3)拆卸2号汽缸盖罩。

(4)拆卸带空气滤清器软管的空气滤清器盖。

(5)拆卸空气滤清器壳分总成。

(6)断开发动机线束。

①如图5-8所示,拆下2个螺栓并从汽缸盖罩分总成上断开搭铁线。断开4个喷油器总成连接器和真空传感器(E.F.I.真空传感器总成)连接器。分离3个线束卡夹。

②从线束支架上分离4个线束卡夹(图5-9)。

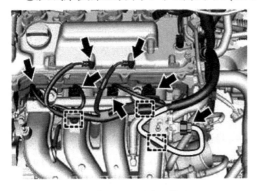

图5-8 喷油器总成连接器

图5-9 喷油器线束支架卡夹

③从汽缸盖分总成上拆下2个螺栓和2个线束支架(图5-10)。

(7)断开燃油管分总成。

注意:进行本操作前清除燃油管连接器和燃油管上的任何污垢和异物。

①分离2个卡爪以拆下2号燃油管卡夹(图5-11)。

注意:不要重复使用2号燃油管卡夹。

图5-10 喷油器线束支架

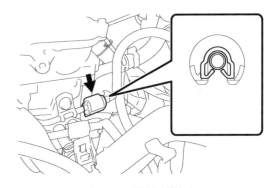

图5-11 2号燃油管卡夹

②从燃油输油管分总成上断开燃油管分总成(图5-12)。

(8)拆卸真空传感器(E.F.I. 真空传感器总成)。

(9)拆卸真空传感器支架。

2. 拆装机油压力开关

(1)拆卸发动机机油压力开关总成。

①断开发动机机油压力开关总成连接器。

②如图5-13所示,使用24mm长套筒扳手,拆下发动机机油压力开关总成。

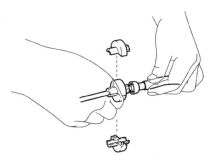

图 5-12 断开燃油管分总线

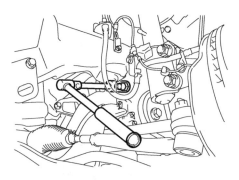

图 5-13 机油压力开关

（2）安装机油压力开关。

①如图 5-14 所示，在发动机机油压力开关总成的 2~3 个螺纹上涂抹黏合剂并安装发动机机油压力开关总成。黏合剂：丰田原厂黏合剂 1344、THREE BOND 1344 或同等产品。

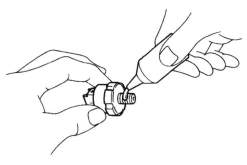

图 5-14 在机油压力开关涂抹黏合剂

②如图 5-15 所示，使用 24mm 长套筒扳手，安装发动机机油压力开关总成。力矩：15N·m。

注意：安装后 1h 内不要起动发动机。

③连接发动机机油压力开关总成连接器。

④检查是否漏油。

3. 拆装机油泵

（1）拆卸机油泵。

①拆卸链条分总成。

②拆卸曲轴正时链轮。

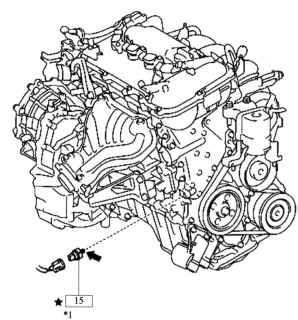

*1：发动机机油压力开关总成

☐ N·m，规定力矩

➡ 黏合剂1344

★ 预涂零件

图 5-15 机油压力开关

③拆卸 2 号链条分总成。

④拆卸 2 号油底壳分总成。

⑤如图 5-16 所示,拆卸油泵总成。

(2)安装机油泵。

①如图 5-17 所示,安装机油泵盖分总成,在机油泵主动转子和机油泵从动转子上涂抹机油,并将其标记朝向机油泵盖分总成侧放入机油泵。

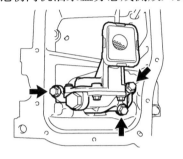
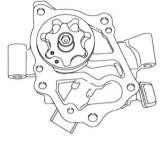

图 5-16　机油泵安装螺栓　　　　图 5-17　机油泵安装标记

②如图 5-18 所示,用 5 个螺栓安装机油泵盖分总成。力矩:8.8N·m。

③如图 5-19 所示,将机油泵减压阀和机油泵减压阀弹簧插入机油泵体孔,使用 27mm 套筒扳手安装机油泵减压阀柱塞。力矩:49N·m。

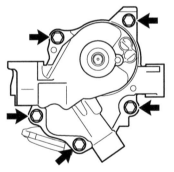
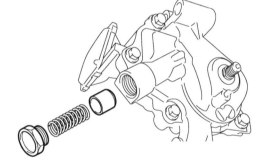

图 5-18　机油泵盖安装螺栓　　　　图 5-19　机油泵减压阀安装螺栓

七　考核标准

考核标准见表 5-1。

考核标准表　　　　　　　　　　表 5-1

序　号	考核项目	满　分	评分标准	得　分
1	作业前整理工位	5	酌情扣分	
2	工位停车	5	停车不当扣 5 分	
3	车辆可靠停靠	5	操作不当扣 5 分	
4	排空发动机润滑油	10	操作不当扣 10 分	
5	拆下机油滤清器	10	操作不当扣 10 分	

续上表

序 号	考核项目	满 分	评分标准	得 分
6	安装机油滤清器	10	操作不当扣10分	
7	加注发动机润滑油	10	操作不当扣10分	
8	检查是否漏油	10	操作不当扣10分	
9	拆卸机油压力开关总成	10	操作不当扣10分	
10	安装机油压力开关总成	10	操作不当扣10分	
11	拆装机油泵	10	操作不当扣10分	
12	作业后整理工位	5	酌情扣分	
13	遵守相关安全规范		因违规操作造成人员和设备事故的,总分按0分计	
	分数合计	100		

实训 6　冷却系统的拆装

一　实训目标

(1) 掌握正确使用拆装工具的方法。
(2) 掌握正确拆装冷却系统组件的方法。
(3) 熟悉冷却系统的各零件的名称、位置、结构和作用。

二　实训内容

1. 冷却系统的作用

冷却系统的功用是使发动机在所有工况下都保持在适当的温度范围内。冷却系统既要防止发动机过热,也要防止冬季发动机过冷。在发动机冷起动之后,冷却系统还要保证发动机迅速升温,尽快达到正常的工作温度。发动机冷却系统如图 6-1 所示。

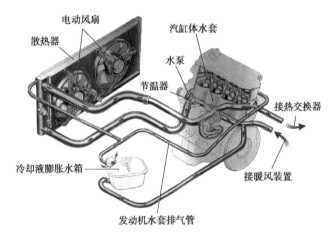

图 6-1　发动机冷却系统示意图

2. 冷却系统的分类

发动机冷却系统有风冷与水冷之分,以空气为冷却介质的冷却系统称为风冷系统,如图 6-2 所示;以冷却液为冷却介质的冷却系统称为水冷系统,如图 6-3 所示。目前在汽车上应用比较广泛的是强制循环水冷系统。

3. 实训任务

按照维修手册的规范要求对发动机冷却系统各个部件和总成进行拆装,通过拆装去观察和认识发动机冷却系统的构成和基本工作原理。

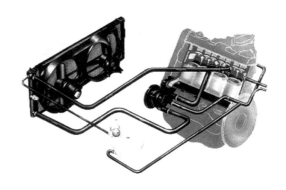

图 6-2　发动机风冷系统　　　　　　图 6-3　发动机水冷系统

三　实训器材

(1) 举升工位 4 个。
(2) 丰田卡罗拉轿车辆 4 辆。
(3) 车辆防护三件套 4 套。
(4) 常用汽车维修工具 4 套。

四　实训要求与注意事项

(1) 在操作开始前,检查所有的设备并备齐工具。
(2) 安装车轮挡块时,可以用举升机顶起部分车轮。
(3) 三件套和翼子板布、前格栅布的安装方法要正确。
(4) 注意防止热车时冷却液高温造成烫伤。
(5) 实训过程要符合车辆维修的操作规程。

五　教学组织

1. 教学组织形式

本课程为"小班化"实训课,实训教师 1 名,学生 24 名,实训室共有 4 个实训工位,按照 6 人一个工位编组。

2. 实训教师职责

通过 PPT 课件展示、教学视频播放等教学手段,讲解实训任务的操作步骤和相关注意事项;组织学生进行分组;巡视、检查、指导和纠正学生操作中的错误;课堂总结;组织学生做好 5S 管理。

3. 学生职责

认真观看 PPT 课件和教学视频;完成教师布置的任务;做好课后的清洁、整理等 5S 管理工作。

六 操作步骤

(1) 排空发动机冷却液。

注意：发动机和散热器总成仍很热时,不要拆下储液器盖或散热器放水螺塞。高压高温的发动机冷却液和蒸汽可能会释放出来并导致严重烫伤。

①如图6-4所示,将内径9mm(0.354 in)的软管连接到散热器放水开关上。

②如图6-5所示,拆下储液器盖,松开散热器放水螺塞。然后排空发动机冷却液。

提示：将发动机冷却液收集到容器中,根据您所在的地区的法规进行报废处理。

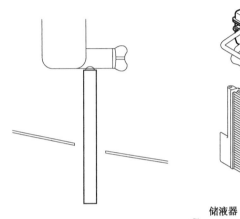

图6-4 冷却液排放软管安装示意图

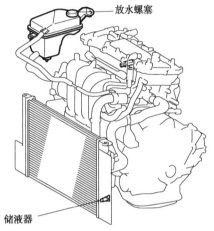

图6-5 储液器和放水螺塞位置示意图

③从散热器放水开关上断开软管。

(2) 拆下水泵。

①拆卸发动机总成。

②拆下传动皮带和张紧器。

③如图6-6所示,拆下6个螺栓和水泵。

④如图6-7所示,拆下衬垫。

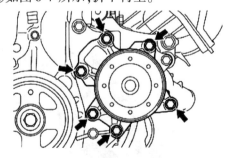

图6-6 水泵螺栓安装位置示意图

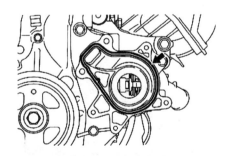

图6-7 水泵衬垫位置示意图

(3) 拆卸节温器。

①如图6-8所示,拆下两个螺栓并分离进水管。

②如图6-9所示,从进水口拆下节温器和衬垫。

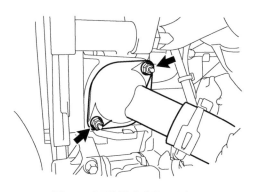

图 6-8 水泵螺栓安装位置示意图

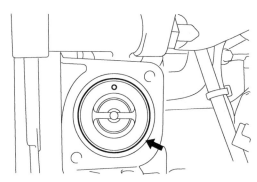

图 6-9 水泵衬垫位置示意图

(4)拆卸散热器。

①拆卸左、右侧前照灯总成。

②拆卸热敏电阻总成。

③拆卸发动机 1 号底罩。

④拆卸蓄电池。

⑤如图 6-10 所示,拆下两个螺栓并从散热器上支架分总成断开 1 号水软管卡夹支架。

⑥如图 6-11 所示,滑动卡子并断开水旁通软管。

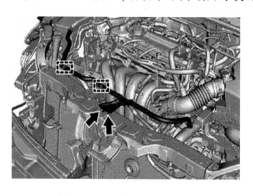

图 6-10 1 号水软管卡夹支架

图 6-11 水旁通软管

⑦如图 6-12 所示,滑动卡子并断开 3 号软管。

⑧如图 6-13 所示,滑动卡子并断开 2 号软管。

图 6-12 散热器 3 号软管

图 6-13 散热器 2 号软管

⑨拆卸发动机罩锁总成。

⑩如图 6-14 断开喇叭连接器。

⑪如图 6-15 所示,分离卡夹以从散热器上支架分总成上断开发动机罩锁控制拉索总成。

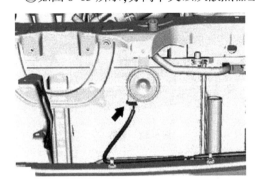

图 6-14　喇叭连接器

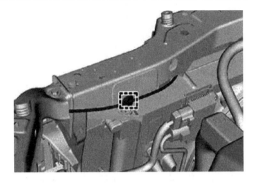

图 6-15　发动机罩锁控制拉索卡夹

⑫如图 6-16 所示,拆下 6 个螺栓和上支架分总成。

⑬如图 6-17 所示,分离卡夹断开 3 号水旁通软管。

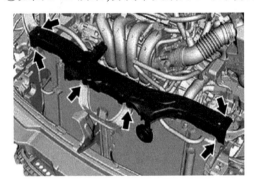

图 6-16　散热器上支架

图 6-17　3 号水旁通软管

⑭如图 6-18 所示,拆卸 2 号风扇罩。

a. 拆下 2 个螺栓。

b. 分离 2 个卡爪和 2 个导销以从散热器总成上拆下 2 号风扇罩。

c. 然后从 2 号风扇罩上拆下 2 个散热器支架缓冲垫。

⑮拆卸散热器总成。

a. 如图 6-19 所示,断开冷却风扇 ECU 连接器。

b. 分离线束卡夹。

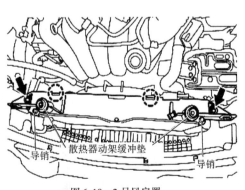

图 6-18　2 号风扇罩

c. 如图 6-20 所示,分离两个导销以从风扇罩上断开冷凝器总成。

注意:拆下冷凝器总成时,确保不要损坏冷凝器总成或散热器总成。

d. 如图 6-21 所示,从 2 个散热器下支架上拆下带风扇的散热器总成。

注意:拆下散热器总成时,不要对冷凝器总成或管施加过大的力。

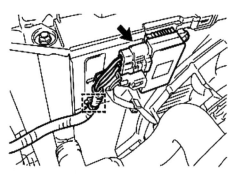

图 6-19 线束卡夹

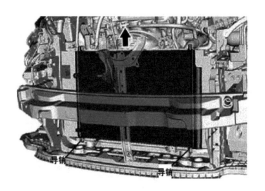

图 6-20 导销

e. 从车身上拆下两个散热器下支架。

f. 如图 6-22 所示,从散热器总成上拆下两个螺栓和风扇罩。

注意:拆下风扇罩时,确保不要损坏散热器总成。

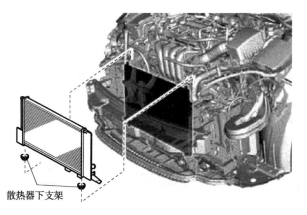

图 6-21 散热器下支架

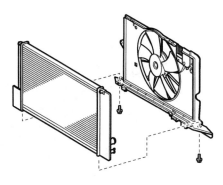

图 6-22 风扇罩

⑯拆卸散热器放水螺塞和 O 形圈。

⑰拆卸冷却风扇和电动机。

a. 如图 6-23 所示,拆卸螺母和风扇。

b. 断开冷却风扇电动机连接器并从 2 个卡夹上分离线束。

c. 如图 6-24 所示,拆下 3 个螺栓和冷却风扇电动机。

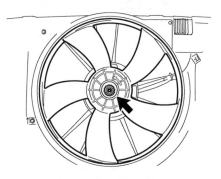

图 6-23 散热器风扇螺母

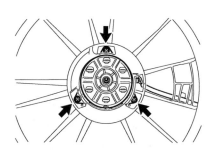

图 6-24 冷却风扇电动机安装螺栓

(5)安装散热器。

①用3个螺栓安装冷却风扇电动机(力矩:3.9N·m)。

②连接冷却风扇电动机连接器并将线束接合到2个卡夹上。

③用螺母安装风扇(力矩:6.3N·m)。

④安装散热器放水螺塞。

a.将O形圈安装到散热器放水螺塞上。

注意:如果O形圈损坏,则进行更换。

b.安装散热器放水螺塞。

⑤安装散热器总成。

a.用2个螺栓将风扇罩安装到散热器总成上(力矩:7.0 N·m)。

注意:安装风扇罩时,确保不要损坏散热器总成。

b.将两个散热器下支架安装到车身上。

c.将带风扇罩的散热器总成安装到2个散热器下支架上。

注意:安装散热器总成时,不要对冷凝器总成或管施加过大的力。

d.如图6-25所示,接合2个导销以将冷凝器总成连接到风扇罩上。

注意:安装冷凝器总成时,确保不要损坏冷凝器总成或散热器总成。

e.接合线束卡夹。

f.连接冷却风扇ECU连接器。

⑥安装2号风扇罩。

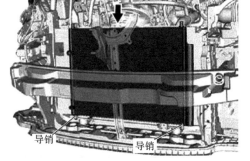

图6-25 导销

a.接合2个卡爪和2个导销以将2号风扇罩安装到散热器总成上。

b.安装2个螺栓(力矩:7.0N·m)。

c.将2个散热器支架缓冲垫安装到2号风扇罩上。

⑦连接3号水旁通软管并滑动卡子以将其固定,接合卡夹。

⑧安装散热器上支架分总成。

a.用6个螺栓安装散热器上支架分总成(力矩:12.5 N·m)。

b.连接喇叭连接器。

c.接合卡夹以将发动机罩锁控制拉索总成连接到散热器上支架分总成上。

⑨安装发动机罩锁总成。

⑩连接散热器2号软管并滑动卡子以将其固定。

⑪连接散热器3号软管并滑动卡子以将其固定。

⑫连接水旁通管并滑动卡子以将其固定。

⑬用2个螺栓将1号水软管卡夹支架连接到散热器上支架分总成上并接合2个卡夹。

⑭安装蓄电池。

⑮安装热敏电阻总成。

⑯安装左侧前照灯总成。

⑰安装右前照灯总成。

（6）安装节温器。

①将新衬垫安装到节温器上。

②如图6-26所示，将节温器安装到进水口壳上。

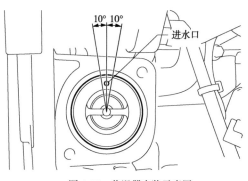

图6-26 节温器安装示意图

提示：跳阀可设置在规定位置任一侧10°以内即可。

③用2个螺母安装进水口（力矩：10N·m）。

（7）安装发动机水泵总成。

①如图6-27所示，将新衬垫的凸出部分与正时链条分总成上的切口对齐，并将衬垫安装至正时链条盖分总成的凹槽。

提示：确保清洁接触表面。

②如图6-28所示，用6个螺栓安装发动机水泵总成，螺栓力矩和长度见表6-1。

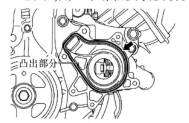

图6-27 新衬垫安装示意图　　图6-28 水泵安装示意图

水泵螺栓长度和安装力矩　　　　表6-1

项　目	力矩（N·m）	长度（mm）
螺栓A	25.5	35
螺栓B	21	25

③安装多楔带张紧器总成。

④安装发动机总成。

（8）加注发动机冷却液。

①紧固散热器放水螺塞。

②如图6-29所示，加注发动机冷却液至散热器储液罐总成的B刻度线。

注意：不要用普通水代替冷却液。

③用手挤压散热器2号软管和散热器3号软管数次，然后检查发动机冷却液液位。如果发动机冷却液液位过低，则加注发动机冷却液。

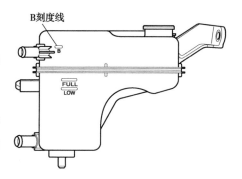

图6-29 发动机冷却液液位示意图

④安装储液罐盖。

注意：尽可能牢固紧固储液罐盖。

⑤对冷却系统进行放气。

注意：起动发动机前，关闭空调开关；将加热器控制调节为最高温度设置；将鼓风机转速调节为低速设置。

a. 使发动机暖机直至节温器打开。节温器打开时,循环发动机冷却液几分钟。

提示:通过用手挤压散热器 2 号软管并感觉发动机冷却液开始在软管内流动时的振动,可以确认节温器开启时间。

b. 发动机暖机后,使用以下循环运行发动机至少 7min:以 3000r/min 的转速运行 5s、怠速运行 45s。(重复此循环至少 8 次。)

c. 用手挤压散热器 2 号软管和散热器 3 号软管数次,以对系统进行放气。

注意:挤压散热器 2 号软管和散热器 3 号软管时:佩戴保护手套;散热器 2 号软管和散热器 3 号软管发热,应小心;双手远离风扇。

小心:如果冷却液温度表显示温度过高,则关闭发动机并使其冷却。确保散热器储液罐总成中仍保留有一些发动机冷却液。如果散热器储液罐总成中发动机冷却液不足,则发动机可能过热或严重损坏。如果散热器储液罐总成中发动机冷却液不足,则进行以下操作:停止发动机,等待直到发动机冷却液冷却,加注冷却液直至达到散热器储液罐总成的 FULL 刻度线。

⑥发动机冷却后,检查并确认发动机冷却液液位在 FULL 刻度线和 LOW 刻度线之间。如果发动机冷却液液位低于 LOW 刻度线,则加注发动机冷却液至 FULL 刻度线。

⑦检查冷却液是否泄漏。

七 考核标准

考核标准见表 6-2。

考 核 标 准 表　　　　　　　　　表 6-2

序　号	考核项目	满　分	评分标准	得　分
1	作业前整理工位	5	酌情扣分	
2	工位停车	5	停车不当扣 5 分	
3	车辆可靠停靠	5	操作不当扣 5 分	
4	排空发动机冷却液	10	操作不当扣 10 分	
5	拆下水泵	10	操作不当扣 10 分	
6	拆卸节温器	10	操作不当扣 10 分	
7	拆卸散热器	10	操作不当扣 10 分	
8	安装散热器	10	操作不当扣 10 分	
9	安装节温器	10	操作不当扣 10 分	
10	安装水泵	10	操作不当扣 10 分	
11	加注发动机冷却液	10	操作不当扣 10 分	
12	作业后整理工位	5	酌情扣分	
13	遵守相关安全规范		因违规操作造成人员和设备事故的,总分按 0 分计	
	分数合计	100		

实训 7　润滑系统的拆装

一　实训目标

(1)掌握正确使用拆装工具的方法。
(2)掌握正确拆装润滑系统组件的方法。
(3)熟悉润滑系统的各零件的名称、位置、结构和作用。

二　实训内容

1. 润滑系统的作用

发动机内部有许多相互摩擦运动的零件,如曲轴主轴颈与主轴承、凸轮轴颈与凸轮轴承、活塞、活塞环与汽缸壁面等,这些部件运动速度快,工作环境恶劣,它们之间需要有适当的润滑,才能降低磨损,延长发动机的寿命。机油作为发动机的"血液",对发动机具有润滑、冷却、清洗、密封和防锈等作用,定期地更换机油对发动机有着重要的作用。润滑系统的基本构成如图7-1所示。

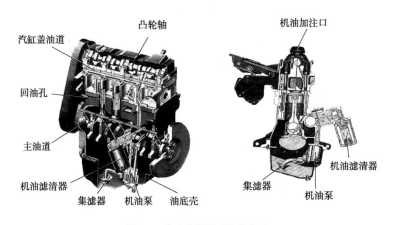

图7-1　发动机润滑系统示意图

2. 润滑系统的工作原理

机油存储在油底壳中,当发动机运转后带动机油泵,利用泵的压力将机油压送至发动机各个部位,润滑后的机油会沿着缸壁等途径回到油底壳中,重复循环使用,如图7-2所示。

反复重复润滑的机油中,会带有磨损的金属末或灰尘等杂质,如不清理反而加速零件间的磨损。所以在机油油道上必须安装机油滤清器进行过滤。但时间过长,机油一样会变脏,因此在车辆行驶一定里程后必须更换机油和机油滤清器。

实训7 润滑系统的拆装

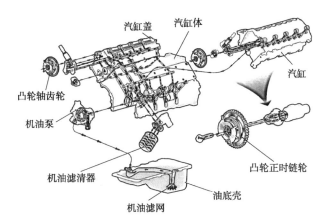

图 7-2 发动机润滑油流向示意图

3. 实训任务

按照维修手册的规范要求对发动机润滑系统各个部件和总成进行拆装,通过拆装去观察和认识发动机润滑系统的构成和基本工作原理。

三 实训器材

(1)举升工位 4 个。
(2)丰田卡罗拉轿车 4 辆。
(3)车辆防护三件套 4 套。
(4)常用汽车维修工具 4 套。

四 实训要求与注意事项

(1)在操作开始前,检查所有的设备并备齐工具。
(2)安装车轮挡块时,可以用举升机顶起部分车轮。
(3)三件套和翼子板布、前格栅布的安装方法要正确。
(4)注意防止热车时润滑油高温造成烫伤。
(5)实训过程要符合车辆维修的操作规程。

五 教学组织

1. 教学组织形式

本课程为"小班化"实训课,实训教师 1 名,学生 24 名,实训室共有 4 个实训工位,按照 6 人一个工位编组。

2. 实训教师职责

通过 PPT 课件展示、教学视频播放等教学手段,讲解实训任务的操作步骤和相关注意事项;组织学生进行分组;巡视、检查、指导和纠正学生操作中的错误;课堂总结;组织学生做好 5S 管理。

3. 学生职责

认真观看 PPT 课件和教学视频;完成教师布置的任务;做好课后的清洁、整理等 5S 管理工作。

六 操作步骤

1. 机油和机油滤清器更换

（1）排空机油。

注意：长期并反复地接触机油,会导致皮肤失去表层天然油脂,皮肤变得干燥、容易过敏并易生皮炎。此外,用过的机油内含有潜在的危害性污染物,可能会导致皮肤癌。穿戴防护服和手套。避免与机油接触。如果发生接触,应使用肥皂或免水洗手剂彻底清洗皮肤。不要使用汽油、稀释剂或溶剂清洗皮肤。为保护环境,必须在指定的报废地点处理用过的机油和机油滤清器。

①如图7-3所示,拆下机油加注口盖。
②拆下油底壳放油螺塞和衬垫,并将机油排放到容器中。
③清洁油底壳放油螺塞。
④将新衬垫安装到油底壳放油螺塞上。
⑤安装油底壳放油螺塞。力矩：37N·m。

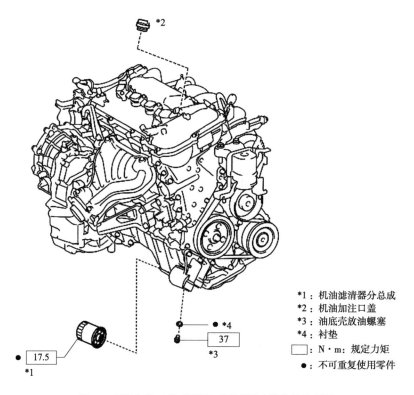

图7-3 机油加注口盖、滤清器、放油螺塞安装位置示意图

（2）拆卸机油滤清器分总成。

使用专用工具 SST 09228-06501 拆下机油滤清器分总成。

（3）安装机油滤清器分总成。

①检查并清洁机油滤清器分总成的安装表面。

②在新机油滤清器分总成的衬垫上涂抹干净的机油。

③用手轻轻拧转机油滤清器分总成,将其固定到位。紧固机油滤清器直至衬垫接触滤清器座。

④使用专用工具 SST 09228-06501 紧固机油滤清器分总成。根据是否有足够的工作空间,在以下工作方式中选择:如果有足够的空间,则使用扭力扳手紧固机油滤清器分总成。力矩:13N·m;如果没有足够的空间使用扭力扳手,则用手或普通扳手将机油滤清器分总成紧固 3/4 圈。

(4)加注机油。

加注新的机油并安装机油加注口盖。机油加注量见表7-1。

机油加注量　　　　　　　　　　　　　　　　　　　表7-1

项　　目	标准状态	项　　目	标准状态
更换机油滤清器时的排空后重新加注量	4.2L	净注入量	4.7L
不更换机油滤清器时的排空后重新加注量	3.9L		

(5)检查是否漏油。

起动发动机。确保机油不会从工作区域泄漏。

2. 拆装机油压力开关

(1)拆卸机油压力开关总成。

①断开机油压力开关总成连接器。

②如图7-4所示,使用24mm长套筒扳手,拆下机油压力开关总成。

(2)安装机油压力开关。

①如图7-5所示,在机油压力开关总成的2~3个螺纹上涂抹黏合剂并安装机油压力开关总成。黏合剂:丰田原厂黏合剂1344、THREE BOND 1344 或同等产品。

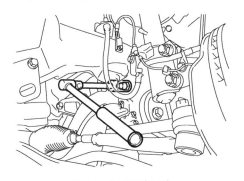

图7-4　机油压力开关

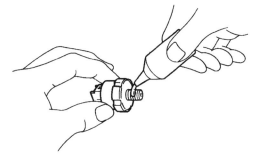

图7-5　机油压力开关黏合剂涂抹

②如图7-6所示,使用24mm长套筒扳手,安装机油压力开关总成。力矩:15N·m。

注意:安装后1h内不要起动发动机。

③连接机油压力开关总成连接器。

④检查是否漏油。

(3)拆装机油泵。

①拆卸链条分总成。

②拆卸曲轴正时链轮。
③拆卸2号链条分总成。
④拆卸2号油底壳分总成。
⑤如图7-7所示,拆卸机油泵总成。

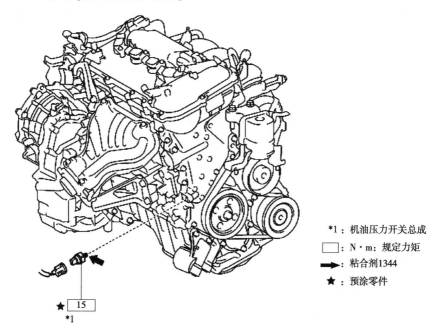

*1：机油压力开关总成
□：N·m：规定力矩
➡：粘合剂1344
★：预涂零件

图7-6　机油压力开关

（4）安装机油泵。

①如图7-8所示,安装机油泵盖分总成,在机油泵主动转子和机油泵从动转子上涂抹机油,并将其标记朝向机油泵盖分总成侧放入机油泵。

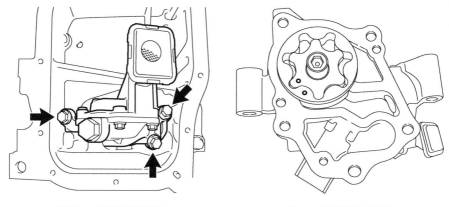

图7-7　机油泵安装螺栓　　　　　图7-8　机油泵安装标记

②如图7-9所示,用5个螺栓安装机油泵盖分总成。力矩:8.8N·m。

③如图7-10所示,将机油泵减压阀和机油泵减压阀弹簧插入机油泵体孔,使用27mm套筒扳手安装机油泵减压阀柱塞。力矩:49N·m。

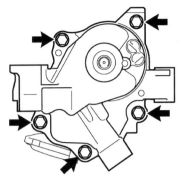
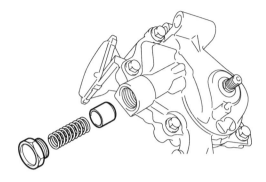

图 7-9 机油泵盖安装螺栓　　　　图 7-10 机油泵减压阀安装螺栓

七 考核标准

考核标准见表 7-2。

考核标准表　　　　表 7-2

序号	考核项目	满分	评分标准	得分
1	作业前整理工位	5	酌情扣分	
2	工位停车	5	停车不当扣 5 分	
3	车辆可靠停靠	5	操作不当扣 5 分	
4	排空机油	10	操作不当扣 10 分	
5	拆下机油滤清器	10	操作不当扣 10 分	
6	安装机油滤清器	10	操作不当扣 10 分	
7	加注机油	10	操作不当扣 10 分	
8	检查是否漏油	10	操作不当扣 10 分	
9	拆卸机油压力开关总成	10	操作不当扣 10 分	
10	安装机油压力开关总成	10	操作不当扣 10 分	
11	拆装机油泵	10	操作不当扣 10 分	
12	作业后整理工位	5	酌情扣分	
13	遵守相关安全规范		因违规操作造成人员和设备事故的,总分按 0 分计	
	分数合计	100		

实训 8　传动系统的拆装

一　实训目标

(1)掌握正确使用拆装工具的方法。
(2)掌握正确拆装传动系统组件的方法。
(3)熟悉传动系统的各零件的名称、位置、结构和作用。

二　实训内容

1. 汽车传动系统的作用

保证汽车具有在各种行驶条件下所必需的牵引力、车速,以及保证牵引力与车速之间协调变化等功能,使汽车具有良好的动力性和燃油经济性;还应保证汽车能倒车,以及左、右驱动轮能适应差速要求,并使动力传递能根据需要而平稳地结合或彻底、迅速地分离。汽车传动系统如图 8-1 所示。

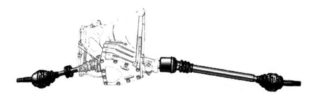

图 8-1　汽车传动系统

2. 实训任务

按照维修手册的规范要求对汽车传动系统各个部件和总成进行拆装,通过拆装去观察和认识传动系统的构成和基本工作原理。

三　实训器材

(1)丰田卡罗拉轿车总成 4 辆。
(2)常用汽车维修工具 4 套。

四　实训要求与注意事项

(1)在操作开始前,检查所有的设备并备齐工具。
(2)将手动传动桥总成安装到发动机总成上时,不要强行撬动。
(3)实训过程务必遵循维修手册描述的程序,否则发动机升降机可能会突然掉落。

五 教学组织

1. 教学组织形式

本课程为"小班化"实训课,实训教师1名,学生24名,实训室共有4个实训工位,按照6人一个工位编组。

2. 实训教师职责

通过PPT课件展示、教学视频播放等教学手段,讲解实训任务的操作步骤和相关注意事项;组织学生进行分组;巡视、检查、指导和纠正学生操作中的错误;课堂总结;组织学生做好5S管理。

3. 学生职责

认真观看PPT课件和教学视频;完成教师布置的任务;做好课后的清洁、整理等5S管理工作。

六 操作步骤

1. 离合器的拆装

(1)拆卸离合器踏板开关。

注意:确保在拆卸期间不要转动离合器踏板开关总成,以防止其损坏。

①拆卸仪表板底罩分总成。

②如图8-2所示,断开连接器。

③如图8-3所示,拆卸离合器踏板开关总成。

④如图8-4所示,拆卸2号离合器踏板开关总成。

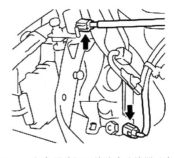

图8-2 离合器踏板开关总成连接器示意图

图8-3 离合器踏板开关总成示意图

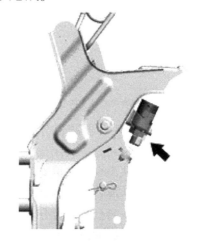

图8-4 2号离合器踏板开关总成

(2)拆卸离合器踏板。

①拆卸主车身ECU(仪表板接线盒)。

②断开连接器(离合器踏板开关连接器)。

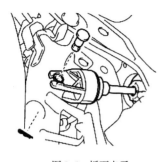

图 8-5 拆下卡子

③拆卸带孔销的离合器主缸推杆 U 形夹。

a. 如图 8-5 所示,从带孔销的离合器主缸推杆 U 形夹上拆下卡子。

b. 拆下带孔销的离合器主缸推杆 U 形夹并从离合器踏板分总成上断开离合器主缸推杆 U 形夹。

④拆卸离合器踏板支架分总成。

a. 如图 8-6 所示,从车身上拆下 2 个螺母、螺栓和离合器踏板支架分总成。

b. 如图 8-7 所示,从离合器踏板支架分总成上拆下螺母。

⑤拆卸离合器踏板开关总成。

⑥拆卸 2 号离合器踏板开关总成。

⑦如图 8-8 所示,从离合器踏板支架分总成上拆下离合器踏板限位螺栓。

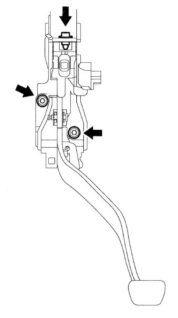

图 8-6 拆下离合器踏板支架分总成

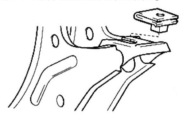

图 8-7 拆下螺母

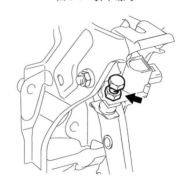

图 8-8 拆下离合器踏板限位螺栓

⑧如图 8-9 所示,从离合器踏板分总成和离合器踏板支架分总成上拆下离合器踏板弹簧。

⑨如图 8-10 所示,从离合器踏板支架分总成上拆下离合器踏板分总成。

⑩如图 8-11 所示,从离合器踏板分总成上拆下离合器踏板垫。

⑪如图 8-12 所示,从离合器踏板分总成上拆下 2 个离合器踏板衬套。

⑫如图 8-13 所示,用尖嘴钳从离合器踏板分总成上拆下 2 个离合器踏板 1 号缓冲垫。

⑬如图 8-14 所示,使用 8 mm 六角套筒扳手和锤子,从离合器踏板分总成上拆下离合器主缸推杆 U 形夹衬套。

(3)拆卸离合器主缸。

①拆卸仪表板 1 号底罩分总成。

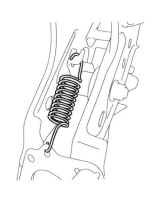 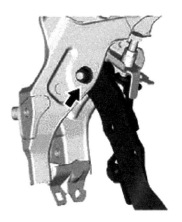

图8-9　拆下离合器踏板弹簧　　　图8-10　拆下离合器踏板分总成

 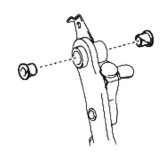

图8-11　拆下离合器踏板垫　　　图8-12　拆下2个离合器踏板衬套

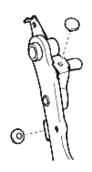 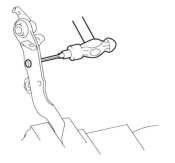

图8-13　拆下离合器踏板1号缓冲垫　　图8-14　拆下离合器主缸推杆U形夹衬套

②拆卸制动助力器总成。

③从离合器主缸总成上松开卡子并断开离合器储液罐管。

提示：使用容器收集油液。

④如图8-15所示，用10mm连接螺母扳手断开离合器管路。

提示：使用容器收集油液。

⑤拆卸离合器主缸总成。

a. 如图8-16所示，从带孔销的离合器主缸推杆U形夹上拆下卡子。

b. 拆下带孔销的离合器主缸推杆U形夹并从离合器踏板分总成上断开离合器主缸推杆U形夹。

c. 如图8-17所示,从车身上拆下2个螺母和离合器主缸总成。
d. 拆下离合器主缸支架。

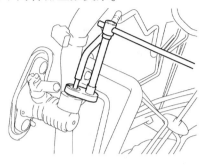

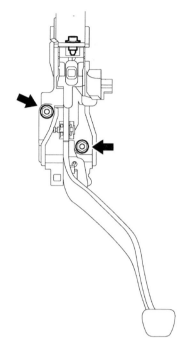

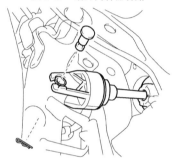

图8-15 断开离合器管路

图8-16 拆下卡子

图8-17 拆下离合器主缸总成

(4)拆卸离合器工作缸。

①排空制动液。

注意:如果离合器油与任何油漆表面接触,请立即清洗。

②如图8-18所示,使用10mm连接螺母扳手,从离合器工作缸总成上断开离合器工作缸至挠性软管连接管。

提示:使用容器收集油液。

③如图8-19所示,从手动传动桥总成上拆下2个螺栓、离合器管支架和离合器工作缸总成。

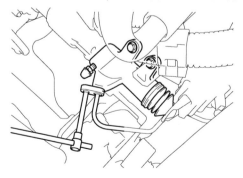

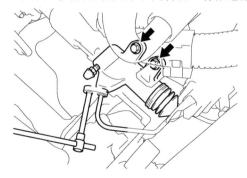

图8-18 断开至挠性软管连接管

图8-19 拆下离合器工作缸总成

(5)拆卸离合器单元。

①拆卸手动传动桥总成。

②如图 8-20 所示，从手动传动桥总成上拆下带离合器分离轴承总成的离合器分离叉分总成。

③如图 8-21 所示，从离合器分离叉分总成上拆下离合器分离轴承总成。

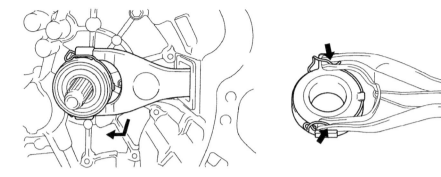

图 8-20 拆下离合器分离叉分总成　　　图 8-21 拆下离合器分离轴承总成

④如图 8-22 所示，从离合器分离轴承总成上拆下分离轴承毂卡子。

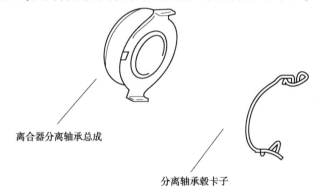

图 8-22 拆下分离轴承毂卡子

⑤如图 8-23 所示，从手动传动桥总成上拆下离合器分离叉防尘套。

⑥如图 8-24 所示，拆卸分离叉支撑。

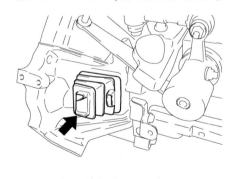 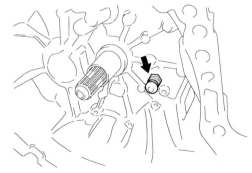

图 8-23 拆下离合器分离叉防尘套　　　图 8-24 拆卸分离叉支撑

⑦拆卸离合器盖总成。

a. 如图 8-25 所示，在离合器盖总成和飞轮分总成上做装配标记。

b. 每次将各螺栓拧松 360°，直至弹簧张力释放。

图 8-25 做装配标记

c. 拆下 6 个螺栓和离合器盖总成。

注意:不要掉落离合器盘总成。

⑧拆下离合器盘总成。

注意:使离合器盘总成摩擦片部位、压盘和飞轮分总成表面远离油污和异物。

(6)安装离合器单元。

①如图 8-26 所示,安装离合器盘总成。

注意:按正确方向插入离合器盘总成。

②安装离合器盖总成,将离合器盖总成上的装配标记与飞轮分总成上的标记对齐。按照图 8-27 所示程序,从位于顶部锁销附近的螺栓开始,按顺序紧固 6 个螺栓。

力矩:19.1N·m。

③检查并调节离合器盖总成。

a. 如图 8-28 所示,用带滚子仪的百分表检查膜片弹簧顶端高度偏差。

最大偏差:0.5 mm (0.0197in)。

b. 如图 8-29 所示,如果偏差不符合规定,则使用专用工具调节膜片弹簧顶端高度偏差。

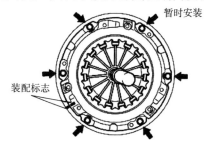

图 8-27 按顺序紧固 6 个螺栓

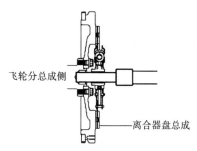

图 8-26 安装离合器盘总成

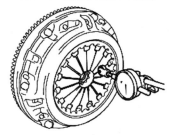

图 8-28 检查膜片弹簧顶端高度偏差

④将分离叉支撑件安装到手动传动桥总成上。力矩:36.8N·m。

⑤将离合器分离叉防尘套安装到手动传动桥总成上。

⑥将分离轴承毂卡子安装到离合器分离轴承总成上。

⑦如图 8-30 所示,在离合器分离叉分总成和离合器分离轴承总成、离合器分离叉分总成和分离缸推杆、离合器分离叉分总成和分离叉支撑件之间的接触面上涂抹分离毂润滑脂。将带离合器分离轴承总成的离合器分离叉分总成安

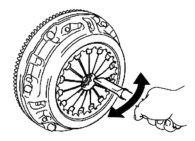

图 8-29 调节膜片弹簧顶端高度偏差

装到手动传动桥总成上。

⑧如图8-31所示,在输入轴花键上涂抹离合器花键润滑脂。将带离合器分离叉分总成的离合器分离轴承总成安装到手动传动桥总成上。

注意:不要在图8-31中所示的A部位涂抹润滑脂。安装后,前后移动分离叉以检查并确认分离轴承滑动平稳。

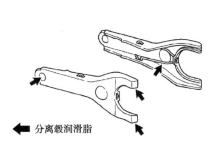

图8-30　涂抹分离毂润滑脂　　图8-31　涂抹离合器花键润滑脂

⑨安装手动传动桥总成。

(7)安装离合器工作缸。

①安装离合器工作缸总成。用2个螺栓将离合器工作缸总成和离合器管支架安装到手动传动桥总成上。

力矩:11.8N·m。

②使用10mm连接螺母扳手,将离合器工作缸至挠性软管连接管连接到离合器工作缸总成上。

力矩:15.2N·m。

注意:使用力臂长度为250mm(9.84in)的扭力扳手。

使用力矩值补偿公式计算扭力扳手与连接螺母扳手等工具配合使用时的力矩值。

③给储液罐加注制动液。

④对离合器管路放气。

⑤检查油液是否泄漏。

⑥检查储液罐中的制动液液位。

(8)安装离合器主缸。

①安装离合器主缸总成。

a.安装离合器主缸支架。

b.用2个螺母将离合器主缸总成安装到车身上。

力矩:12.7N·m。

c.如图8-32所示,在带孔销的离合器主缸推杆U形夹和离合器主缸推杆U形夹衬套之间的接触面涂抹通用润滑脂。

d.用带孔销的离合器主缸推杆U形夹将离合器主缸推杆U形夹连接到离合器踏板分总成上。

提示:从车辆右侧安装带孔销的离合器主缸推杆U形夹。

e.将卡子安装到带孔销的离合器主缸推杆U形夹上。

②如图8-33所示,用10mm连接螺母扳手连接离合器管路。

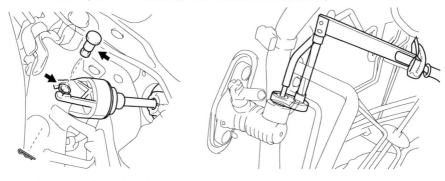

图8-32 涂抹通用润滑脂　　　　　图 8-33

力矩:15.2N·m。

注意:使用力臂长度为250mm(9.84 in)的扭力扳手。

使用力矩值补偿公式计算扭力扳手与连接螺母扳手等工具配合使用时的力矩值。

③用卡子将离合器储液罐管连接至离合器主缸总成。

④安装制动助力器总成。

⑤给储液罐加注制动液。

⑥检查储液罐中的制动液液位。

⑦对离合器管路进行放气。

⑧检查油液是否泄漏。

提示:检查离合器系统是否泄漏。

⑨检查并调节离合器踏板分总成。

⑩安装仪表板1号底罩分总。

(9)安装离合器踏板。

①安装离合器主缸推杆U形夹衬套。

a.将新的离合器踏板分总成固定在台虎钳的两个铝板之间。

注意:小心不要损坏台虎钳中的离合器踏板分总成。

b.如图8-34所示,将新的离合器主缸推杆U形夹衬套安装到离合器踏板分总成上。

提示:从车辆左侧安装离合器主缸推杆U形夹衬套。

②用尖嘴钳将2个离合器踏板1号缓冲垫安装到离合器踏板分总成上。

③如图8-35所示,在2个新离合器踏板衬套的两侧涂抹通用润滑脂。将2个离合器踏板衬套安装到离合器踏板分总成上。

④将离合器踏板垫安装到离合器踏板分总成上。

⑤用螺栓和螺母将离合器踏板分总成安装到离合器踏板支架分总成上。

力矩:36.8N·m。

提示:从车辆右侧安装螺栓。紧固螺母时,应防止螺栓转动。

⑥将离合器踏板弹簧安装到离合器踏板分总成和离合器踏板支架分总成上。

⑦安装离合器踏板限位螺栓,使其端部接触到离合器踏板1号缓冲垫。

提示:调节离合器踏板时,将离合器踏板限位螺母紧固至规定力矩。

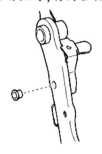 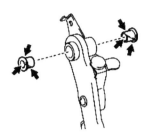

图8-34 安装离合器主缸推杆U形夹衬套　　图8-35 涂抹通用润滑脂

⑧安装2号离合器踏板开关总成。

⑨安装离合器踏板开关总成。

⑩安装离合器踏板支架分总成。

a. 将螺母安装到离合器踏板支架分总成上。

b. 用2个螺母和螺栓将离合器踏板支架分总成安装到车身上。

力矩:螺栓为23.6N·m;螺母为12.7N·m。

⑪安装带孔销的离合器主缸推杆U形夹。

a. 如图8-36所示,在带孔销的离合器主缸推杆U形夹和新的离合器主缸推杆U形夹衬套的接触面涂抹通用润滑脂。

b. 用带孔销的离合器主缸推杆U形夹将离合器主缸推杆U形夹连接到离合器踏板分总成上。

提示:从车辆右侧安装带孔销的离合器主缸推杆U形夹。

c. 将卡子安装到带孔销的离合器主缸推杆U形夹上。

⑫连接连接器。

⑬安装主车身ECU(仪表板接线盒)。

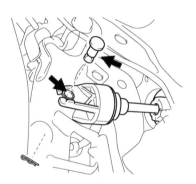

图8-36 涂抹通用润滑脂

⑭检查并调节离合器踏板分总成。

⑮检查离合器踏板开关总成。

2. 手动变速器及传动桥总成的拆装

(1)拆卸手动变速器及传动桥总成。

①拆卸带传动桥的发动机总成。

②拆卸发动机前悬置隔振垫

③拆卸发动机后悬置隔振垫

④拆卸起动机总成

⑤如图8-37所示,断开倒车灯开关总成连接器并分离2个卡夹。

⑥如图8-38所示,拆卸手动传动桥总成。

⑦如图8-39所示,从手动传动桥总成上拆下3个螺栓和发动机前悬置支架。

⑧如图8-40所示,从手动传动桥总成上拆下3个螺栓和发动机左悬置支架。

⑨如图8-41所示,从手动传动桥总成上拆下3个螺栓和发动机后悬置支架。

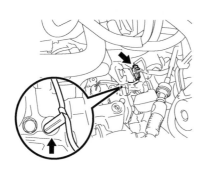
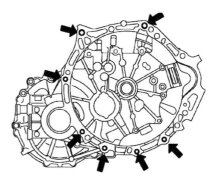

图 8-37　分离 2 个卡夹　　　　图 8-38　拆卸手动传动桥总成

图 8-39　拆下发动机前悬置支架　　图 8-40　拆下发动机左悬置支架

⑩如图 8-42 所示，从手动传动桥总成上拆下 2 个螺栓和地板式换挡控制杆壳支架。

⑪如图 8-43 所示，从手动传动桥总成上拆下螺栓和速度表从动齿轮孔盖分总成，从速度表从动齿轮孔盖分总成上拆下 O 形圈。

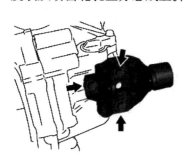
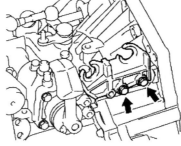
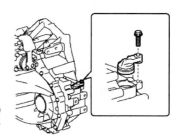

图 8-41　拆下发动机后悬置支架　　图 8-42　拆下地板式换挡控制杆壳支架　　图 8-43　拆下螺栓

(2) 拆解手动变速器及传动桥总成。

①如图 8-44 所示，从手动变速器壳上拆下手动变速器注油螺塞和衬垫。

②如图 8-45 所示，从手动变速器壳上拆下放油螺塞和衬垫。

③如图 8-46 所示，从手动传动桥总成上分离 2 个卡夹，使用专用工具，从手动变速器壳上拆下倒车灯开关总成和衬垫。

④如图 8-47 所示，从手动变速器壳上拆下 2 个螺栓、螺母和选挡直角杠杆总成，从选挡直角杠杆总成上拆下换挡和选挡杆衬套。

⑤拆卸地板式换挡控制杆。

a. 如图 8-48 所示，拆下螺母和垫圈。

b. 如图 8-49 所示，使用铜棒和锤子拆下锁销。

c. 拆下地板式换挡控制杆和防尘罩。

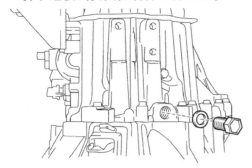

图 8-44 拆下注油螺塞和衬垫

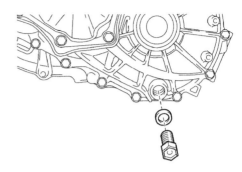

图 8-45 拆下放油螺塞和衬垫

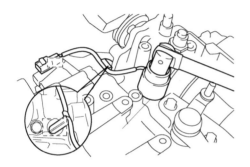

图 8-46 拆下倒车灯开关总成和衬垫

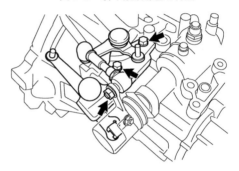

图 8-47 拆下选挡直角杠杆总成

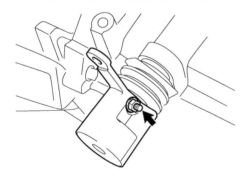

图 8-48 拆下螺母和垫圈

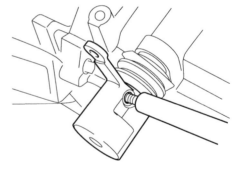

图 8-49 拆下锁销

⑥拆卸换挡杆减振器。

a. 如图 8-50 所示，拆下螺母和垫圈。

b. 如图 8-51 所示，使用铜棒和锤子拆下锁销。

c. 拆下换挡杆减振器和防尘罩。

⑦如图 8-52 所示，将手动传动桥总成放在木块上。

⑧如图 8-53 所示，从手动变速器壳上拆下 1 号锁止钢球总成。

⑨如图 8-54 所示，从手动变速器壳上拆下换挡导销和垫圈。

⑩如图 8-55 所示，从手动变速器壳上拆下 4 个螺栓、控制轴罩和衬垫

⑪如图 8-56 所示，使用头部缠有保护胶带的螺丝刀，从控制轴罩上拆下控制轴罩油封。

注意：确保不要损坏控制轴罩的内部。

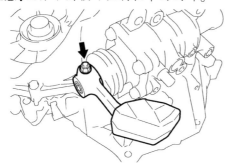

图 8-50 拆下螺母和垫圈

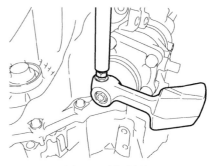

图 8-51 拆下锁销

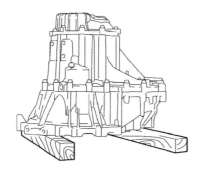

图 8-52 将手动传动桥总成放在木块上

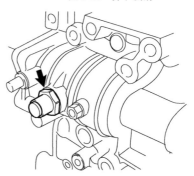

图 8-53 拆下 1 号锁止钢球总成

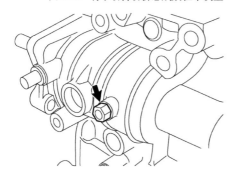

图 8-54 拆下换挡导销和垫圈

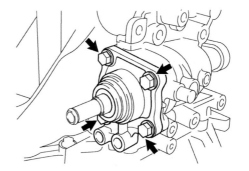

图 8-55 拆下 4 个螺栓、控制轴罩和衬垫

⑫如图 8-57 所示，从手动变速器壳上拆下换挡和选挡杆轴总成。

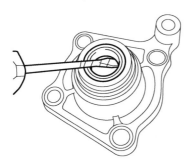

图 8-56 拆下控制轴罩油封

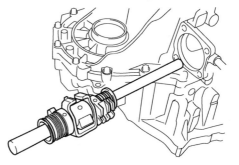

图 8-57 拆下换挡和选挡杆轴总成

⑬拆卸手动变速器盖分总成。

a. 如图 8-58 所示,拆下 9 个螺栓。

b. 如图 8-59 所示,使用塑料锤,小心敲手动变速器盖分总成的凸出部分以从手动变速器壳上拆下手动变速器盖分总成。

注意:不要损坏手动变速器盖分总成。

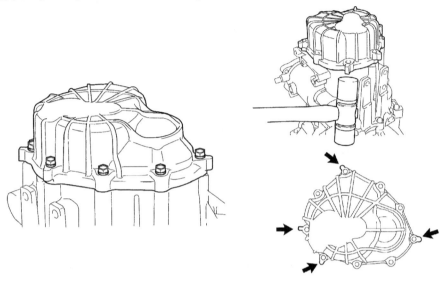

图 8-58 拆下 9 个螺栓　　　　图 8-59 拆下手动变速器盖分总成

⑭拆卸手动变速器输出轴后固定螺母。

a. 如图 8-60 所示,使用冲子和锤子,松开手动变速器输出轴后固定螺母的锁紧部件。

b. 如图 8-61 所示,同时接合 2 个齿轮以锁止变速器。

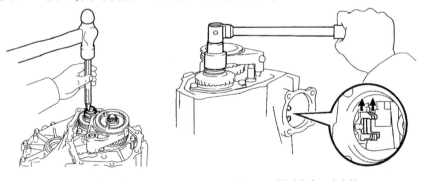

图 8-60 松开锁紧部件　　　　图 8-61 同时接合 2 个齿轮

c. 使用 27mm 套筒扳手拆下手动变速器输出轴后固定螺母。

d. 分离 2 个齿轮。

⑮拆卸 3 号换挡拨叉。

a. 如图 8-62 所示,从 3 号换挡拨叉上拆下 3 号换挡拨叉锁紧螺栓。

b. 如图 8-63 所示,从变速器 3 号离合器毂上拆下带 3 号换挡拨叉的变速器 3 号接合套。

c. 从变速器 3 号接合套上拆下 3 号换挡拨叉。

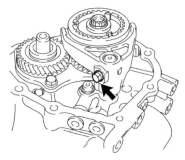 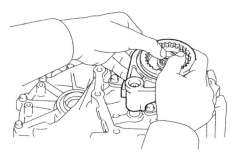

图 8-62　拆下锁紧螺栓　　　　　　　图 8-63　拆下变速器 3 号接合套

⑯如图 8-64 所示,使用百分表,测量五挡齿轮轴向间隙。如果间隙大于最大值,则更换变速器 3 号离合器毂、五挡齿轮或输入轴后径向滚珠轴承。

标准间隙:0.10~0.55mm(0.00394~0.0217in)。

最大间隙:0.55mm(0.0217in)。

⑰如图 8-65 所示,使用百分表,测量五挡齿轮径向间隙。

标准间隙:0.015~0.058mm(0.000591~0.00228in)。

最大间隙:0.058mm(0.00228in)。

如果间隙大于最大值,则更换五挡齿轮、五挡齿轮滚针轴承或输入轴。

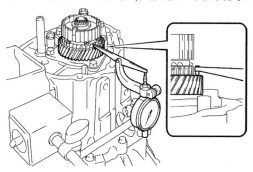 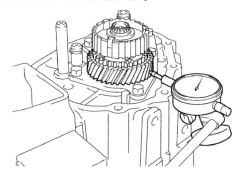

图 8-64　测量五挡齿轮轴向间隙　　　　图 8-65　测量五挡齿轮径向间隙

⑱拆卸变速器 3 号离合器毂。

a. 如图 8-66 所示,使用 2 个螺丝刀和锤子拆下卡环。

提示:使用一块布以防卡环飞出。

b. 如图 8-67 所示,使用螺丝刀从变速器 3 号离合器毂上拆下同步啮合换挡键。

c. 如图 8-68 所示,使用专用工具,从输入轴上拆下变速器 3 号离合器毂、五挡齿轮和同步器 3 号锁环。

d. 如图 8-69 所示,从变速器 3 号离合器毂上拆下 3 个同步啮合换挡键和同步啮合换挡键弹簧。

⑲如图 8-70 所示,从输入轴上拆下五挡齿轮滚针轴承和五挡齿轮轴承隔垫。

⑳如图 8-71 所示,使用专用工具从输出轴上拆下五挡从动齿轮。

㉑如图 8-72 所示,从手动变速器壳上拆下 5 个螺栓和后轴承护圈。

㉒如图 8-73 所示,使用卡环扩张器,从输出轴上拆下输出轴后轴承孔卡。

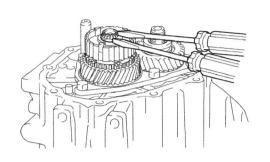

图 8-66 拆下卡环

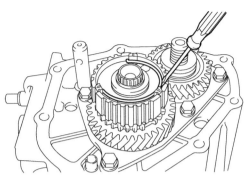

图 8-67 拆下同步啮合换挡键

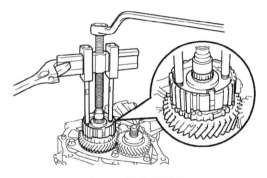

图 8-68 拆下五挡齿轮

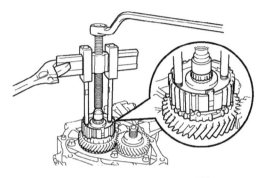

图 8-69 拆下换挡键和换挡键弹簧

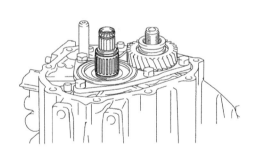

图 8-70 拆下五挡齿轮滚针轴承

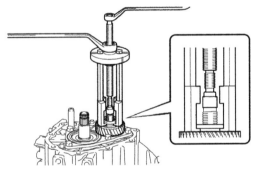

图 8-71 拆下五挡从动齿轮

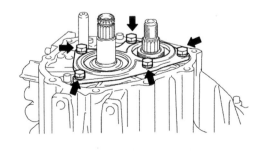

图 8-72 拆下 5 个螺栓

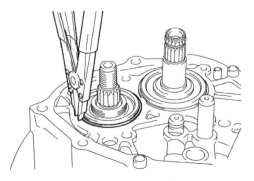

图 8-73 拆下输出轴后轴承孔卡

㉓如图8-74所示,使用卡环扩张器,从输入轴上拆下输出轴后轴承孔卡。
㉔如图8-75所示,从手动变速器壳上拆下倒挡惰轮轴螺栓和衬垫。

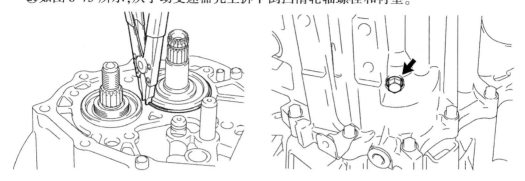

图8-74 拆下输出轴后轴承孔卡   图8-75 拆下倒挡惰轮轴螺栓和衬垫

㉕如图8-76所示,使用2把螺丝刀和锤子,从2号换挡拨叉轴上拆下换挡拨叉轴卡环。
提示:使用一块布以防卡环飞出。
㉖拆卸换挡锁止钢球。
a. 如图8-77所示,使用6mm六角扳手,从手动变速器壳上拆下2个换挡锁止钢球螺塞。

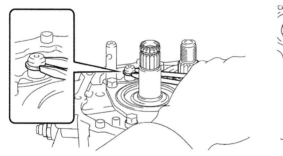 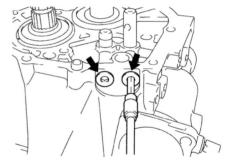

图8-76 拆下换挡拨叉轴卡环   图8-77 拆下2个换挡锁止钢球螺塞

b. 如图8-78所示,使用磁力手,从手动变速器壳上拆下2个弹簧座、2个压缩弹簧和2个换挡锁止钢球。

c. 如图8-79所示,使用6mm六角扳手,从传动桥壳上拆下换挡锁止钢球螺塞。

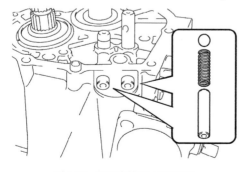 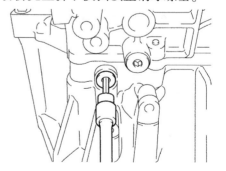

图8-78 拆下弹簧座、压缩弹簧   图8-79 拆下换挡锁止钢球螺塞

d. 如图8-80所示,使用磁力手,从传动桥壳上拆下弹簧座、压缩弹簧和换挡锁止钢球。
㉗如图8-81所示,使用6mm六角扳手,从手动变速器壳上拆下2号锁止钢球总成。

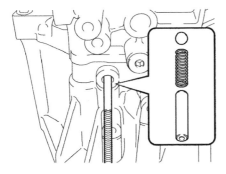
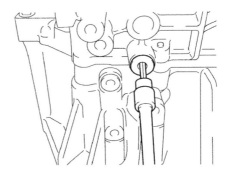

图 8-80　拆下换挡锁止钢球　　　　　图 8-81　拆下 2 号锁止钢球总成

㉘拆卸手动变速器壳。

a. 如图 8-82 所示，从传动桥壳上拆下 3 个螺栓。

b. 如图 8-83 所示，从手动变速器壳上拆下 13 个螺栓。

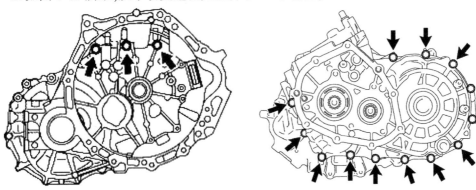

图 8-82　拆下 3 个螺栓　　　　　　图 8-83　拆下 13 个螺栓

c. 如图 8-84 所示，使用铜棒和锤子小心敲手动变速器壳的凸出部分，以从传动桥壳上拆下手动变速器壳。

注意：不要损坏手动变速器壳和传动桥壳。

㉙如图 8-85 所示，从传动桥壳上拆下倒挡惰轮分总成、倒挡惰轮推力垫圈和倒挡惰轮轴。

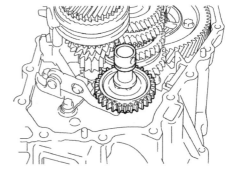

图 8-84　拆下手动变速器壳　　　　　图 8-85　拆下倒挡惰轮分总成

㉚如图 8-86 所示，从传动桥壳上拆下 2 个螺栓和倒挡换挡臂支架总成。

㉛拆卸 2 号换挡拨叉轴。

a. 如图8-87所示,从2号换挡拨叉和1号变速导块上拆下2号换挡拨叉锁紧螺栓和1号变速导块锁紧螺栓。

图8-86 拆下倒挡换挡臂支架总成　　　图8-87 拆下锁紧螺栓

b. 如图8-88所示,从传动桥壳上拆下2号换挡拨叉轴和1号变速导块。

㉜拆卸1号换挡拨叉轴分总成。

a. 如图8-89所示,使用2个螺丝刀和锤子拆下换挡拨叉轴卡环。

提示:使用一块布以防卡环飞出。

b. 如图8-90所示,从1号换挡拨叉上拆下换挡拨叉固定螺栓和1号换挡拨叉轴分总成。

c. 如图8-91所示,拆下1号换挡拨叉。

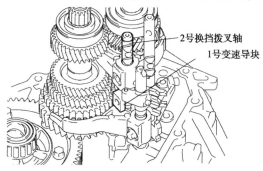 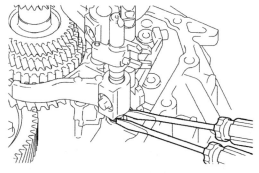

图8-88 拆下2号换挡拨叉轴　　　图8-89 拆下换挡拨叉轴卡环

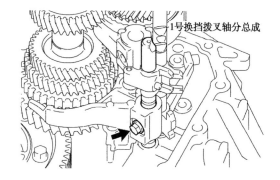 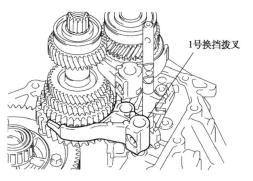

图8-90 拆下1号换挡拨叉轴分总成　　　图8-91 拆下1号换挡拨叉

㉝拆卸3号换挡拨叉轴。

a. 如图8-92所示,使用2个螺丝刀和锤子,从3号换挡拨叉轴上拆下换挡拨叉轴卡环。

提示:使用一块布以防换挡拨叉轴卡环飞出。

b. 如图 8-93 所示,从传动桥壳上拆下带倒挡换挡拨叉的 3 号换挡拨叉轴和 2 号换挡拨叉。

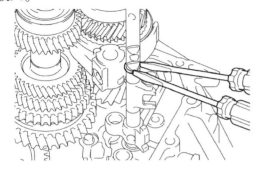

图 8-92　拆下换挡拨叉轴卡环　　　　　图 8-93　拆下 3 号换挡拨叉轴

c. 如图 8-94 所示,使用磁力手,从倒挡换挡拨叉上拆下 2 个倒挡换挡拨叉钢球。
d. 如图 8-95 所示,使用 2 个螺丝刀和锤子,从 3 号换挡拨叉轴上拆下换挡拨叉轴卡环。
提示:使用一块布以防换挡拨叉轴卡环飞出。

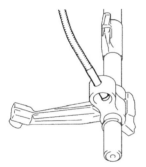
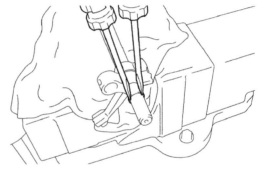

图 8-94　拆下倒挡换挡拨叉钢球　　　　图 8-95　拆下换挡拨叉轴卡环

e. 从 3 号换挡拨叉轴上拆下倒挡换挡拨叉。
㉞如图 8-96 所示,从传动桥壳上拆下输入轴总成和输出轴总成。
㉟如图 8-97 所示,从传动桥壳上拆下差速器壳总成。

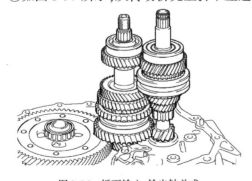
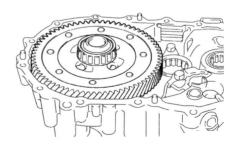

图 8-96　拆下输入、输出轴总成　　　　图 8-97　拆下差速器壳总成

㊱如图 8-98 所示,从传动桥壳上拆下螺栓和手动传动桥壳集油槽
㊲拆卸倒挡定位销总成。

a. 如图8-99所示,使用6mm六角扳手,从手动变速器壳上拆下倒挡定位销螺塞。

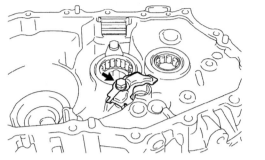

图8-98 拆下手动传动桥壳集油槽

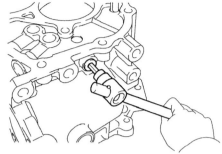

图8-99 拆下倒挡定位销螺塞

b. 如图8-100所示,使用5mm尖冲头和锤子,敲出开槽弹簧销并从手动变速器壳上拆下倒挡定位销总成。

㊳如图8-101所示,从手动变速器壳上拆下螺栓和1号集油管。

注意:不要损坏1号集油管。

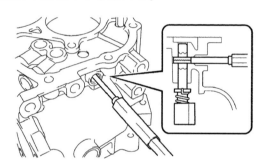

图8-100 拆下倒挡定位销总成

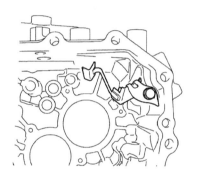

图8-101 拆下1号集油管

㊴如图8-102,从手动变速器壳上拆下螺栓和2号集油管。

注意:不要损坏2号集油管。

㊵如图8-103所示,从传动桥壳上拆下螺栓和轴承锁止板。

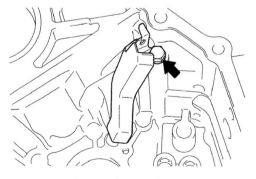

图8-102 拆下2号集油管

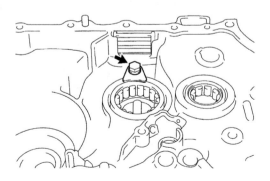

图8-103 拆下轴承锁止板

㊶如图8-104所示,从传动桥壳上拆下变速器磁铁。

㊷如图8-105所示,使用专用工具从传动桥壳上拆下输入轴前轴承。

㊸如图 8-106 所示,使用头部缠有保护胶带的螺丝刀,从传动桥壳上拆下前传动桥壳油封。

注意:确保不要损坏传动桥壳的内部。

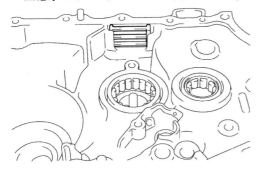

图 8-104 拆下变速器磁铁

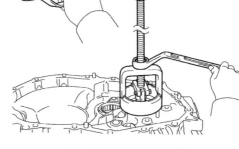

图 8-105 拆下输入轴前轴承

㊹如图 8-107 所示,使用专用工具从传动桥壳上拆下输出轴前轴承。

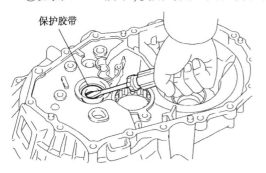

图 8-106 拆下前传动桥壳油封

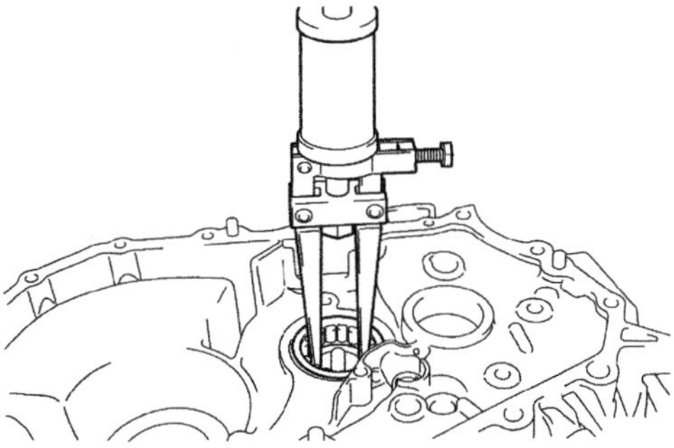

图 8-107 拆下输出轴前轴承

㊺如图 8-108 所示,从传动桥壳上拆下输出轴盖。

㊻拆卸前差速器壳前滚锥轴承。

a. 如图 8-109 所示,使用专用工具,从传动桥壳上拆下前差速器壳前滚锥轴承(外座圈)和前差速器壳前平垫圈。

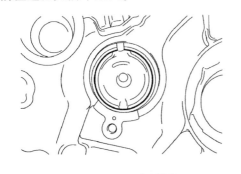

图 8-108 拆下输出轴盖

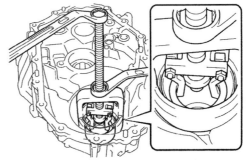

图 8-109 拆下前差速器壳前滚锥轴承(外座圈)

b. 如图 8-110 所示,使用专用工具,从差速器壳总成上拆下前差速器壳前滚锥轴承(内座圈)。

㊼如图 8-111 所示,使用专用工具和锤子,从传动桥壳上拆下前桥右半轴油封。

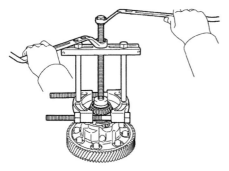
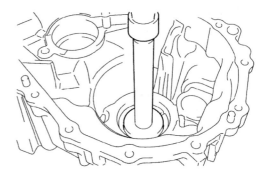

图8-110 拆下前差速器壳前滚锥轴承(内座圈)　　图8-111 拆下前桥右半轴油封

㊽拆卸前差速器壳后滚锥轴承。

a. 如图8-112所示,使用专用工具,从手动变速器壳上拆下前差速器壳后滚锥轴承(外座圈)和前差速器壳后平垫圈。

b. 如图8-113所示,使用专用工具,从差速器壳总成上拆下前差速器壳后滚锥轴承(内座圈)。

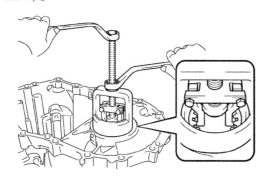
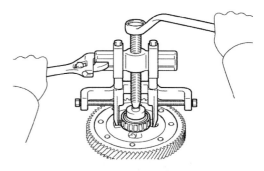

图8-112 拆下前差速器壳后滚锥轴承(外座圈)　　图8-113 拆下前差速器壳后滚锥轴承(内座圈)

㊾如图8-114所示,使用专用工具和锤子,从手动变速器壳上拆下前桥左半轴油封。

㊿如图8-115所示,使用螺丝刀和锤子,从手动变速器壳上拆下换挡和选挡杆轴油封。

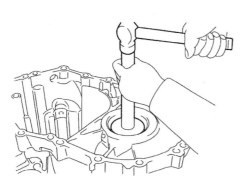
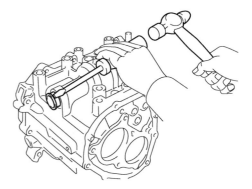

图8-114 拆下前桥左半轴油封　　图8-115 拆下换挡和选挡杆轴油封

○51如图8-116所示,使用专用工具和塑料锤,从手动变速器壳上拆下换挡和选挡杆轴滑动滚珠轴承。

（3）装配手动变速器及传动桥总成。

①如图8-117所示，在输出轴盖上涂抹通用润滑脂，并将其安装到传动桥壳上。

注意：将输出轴盖键插入传动桥壳凹槽内。

②如图8-118所示，在新输出轴前轴承上涂抹齿轮油。使用专用工具和压力机，将输出轴前轴承安装到传动桥壳上。

注意：按如图8-118所示正确的方向安装输出轴前轴承。

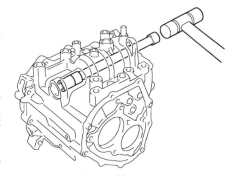

图8-116 拆下换挡和选挡杆轴滑动滚珠轴承

更换输出轴前轴承的同时，更换输出轴前轴承内座圈。

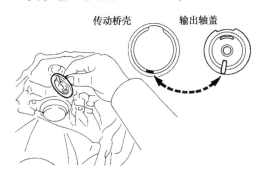

图8-117 安装输出轴盖

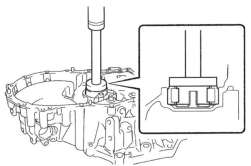

图8-118 安装输出轴前轴承

③如图8-119所示，使用专用工具和锤子，将新的前传动桥壳油封安装到传动桥壳上。在前传动桥壳油封唇口上涂抹通用润滑脂。

标准深度：15.6～16.0mm（0.614～0.630in）。

④如图8-120所示，在新的输入轴前轴承上涂抹齿轮油，并用专用工具和压力机将其安装到传动桥壳上。

标准深度：0～0.3mm（0～0.0118in）。

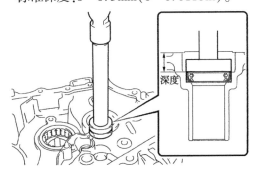

图8-119 安装前传动桥壳油封

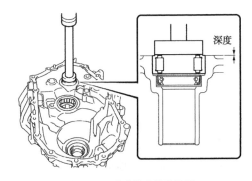

图8-120 安装输入轴前轴承

⑤如图8-121所示，使用专用工具和锤子，将新的换挡和选挡杆轴滑动滚珠轴承安装到手动变速器壳上。

标准深度：0～0.5mm（0～0.0197in）。

⑥如图8-122所示，使用专用工具，将新的换挡和选挡杆轴油封安装到手动变速器壳上。

标准深度:9.7~10.3mm(0.382~0.406in)。

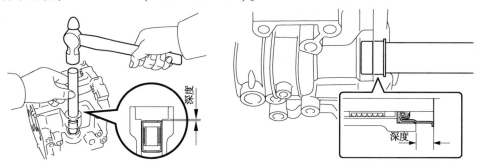

图 8-121 安装换挡和选挡杆轴滑动滚珠轴承　　图 8-122 安装换挡和选挡杆轴油封

⑦安装前差速器壳前滚锥轴。

a. 如图 8-123 所示,使用专用工具和压力机,将新前差速器壳前滚锥轴承(内座圈)安装到差速器壳总成上。

b. 在新前差速器壳前滚锥轴承(外座圈)的内侧涂抹齿轮油。

c. 如图 8-124 所示,使用专用工具和压力机,将前差速器壳前滚锥轴承(外座圈)和前差速器壳前平垫圈安装到传动桥壳上。

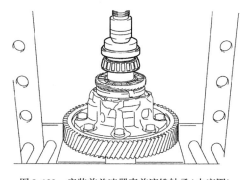 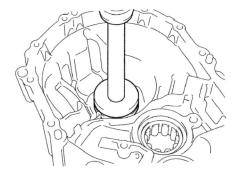

图 8-123 安装前差速器壳前滚锥轴承(内座圈)　　图 8-124 安装前差速器壳前滚锥轴承(外座圈)

⑧安装前差速器壳后滚锥轴承。

a. 如图 8-125 所示,使用专用工具和压力机,将新前差速器壳后滚锥轴承(内座圈)安装到差速器壳总成上。

b. 在新前差速器壳后滚锥轴承(外座圈)的内侧涂抹齿轮油。

c. 如图 8-126 所示,使用专用工具和压力机,将前差速器壳后滚锥轴承(外座圈)和前差速器壳后平垫圈安装到手动变速器壳上。

提示:使用与拆下时厚度相同的前差速器壳后平垫圈。

⑨调节差速器半轴轴承预紧力。

a. 如图 8-127 所示,在差速器壳总成上涂抹齿轮油并将其安装到传动桥壳上。

b. 用 16 个螺栓安装手动变速器壳。

力矩:29.4N·m。

c. 如图 8-128 所示,使用专用工具和扭力扳手,左右转动差速器壳总成 2~3 次以固定轴承。

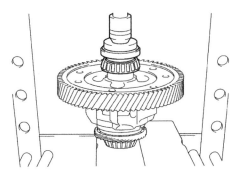

图8-125 安装前差速器壳后滚锥轴承(内座圈)

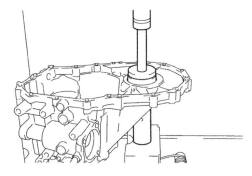

图8-126 安装前差速器壳后滚锥轴承(外座圈)

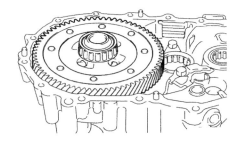

图8-127 安装差速器壳总成

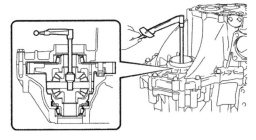

图8-128 左右转动差速器壳总成

d. 如图8-129所示使用专用工具和扭力扳手测量预紧力。

预紧力(起动时):新轴承为0.78~1.57N·m;旧轴承为0.49~0.98N·m。

如果预紧力不符合规定,则用不同厚度的前差速器壳后平垫圈更换。参照表8-1,选择可以确保预紧力在规定范围内的前差速器壳后平垫圈。

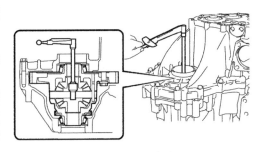

图8-129 测量预紧力

前差速器壳后平垫圈厚度　　　表8-1

标 记	厚度 mm(in)	标 记	厚度 mm(in)
AA	2.10(0.0827)	LL	2.60(0.102)
BB	2.15(0.0846)	MM	2.65(0.104)
CC	2.20(0.0866)	NN	2.70(0.106)
DD	2.25(0.0886)	PP	2.75(0.108)
EE	2.30(0.0906)	QQ	2.80(0.110)
FF	2.35(0.0925)	RR	2.85(0.112)
GG	2.40(0.0945)	SS	2.90(0.114)
HH	2.45(0.0965)	TT	2.95(0.116)
JJ	2.50(0.0984)	UU	3.00(0.118)
KK	2.55(0.100)	—	—

提示:前差速器壳后平垫圈厚度每改变0.05mm(0.00197in),则预紧力改变0.3~0.4N·m。

e. 拆下16个螺栓和手动变速器壳。

f. 从传动桥壳上拆下差速器壳总成。

⑩如图8-130所示,使用专用工具和锤子,将新的前桥左半轴油封安装到手动变速器壳上。在前桥左半轴油封唇口上涂抹通用润滑脂。

标准深度:9.6~10.2mm(0.378~0.401in)。

⑪如图8-131所示,使用专用工具和锤子,将新的前桥右半轴油封安装到传动桥壳上。在前桥右半轴油封唇口上涂抹通用润滑脂。

标准深度:1.4~2.0mm(0.0552~0.0787in)。

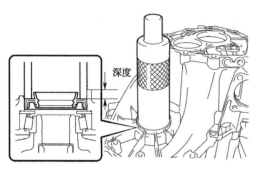

图8-130 安装前桥左半轴油封　　　　图8-131 安装前桥右半轴油封

⑫如图8-132所示,清洁变速器磁铁并将其安装到传动桥壳上。

⑬如图8-133所示,用螺栓将轴承锁止板安装到传动桥壳上。

力矩:11.3N·m。

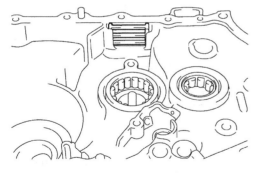 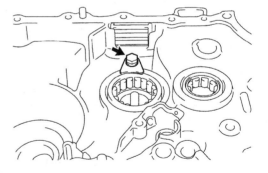

图8-132 安装变速器磁铁　　　　图8-133 安装轴承锁止板

⑭用螺栓将1号集油管安装到手动变速器壳上。

力矩:17.2N·m。

注意:不要使1号集油管变形。

如图8-134所示,将1号集油管固定到手动变速器壳上时进行安装。

⑮用螺栓将2号集油管安装到手动变速器壳上。

力矩:17.2N·m。

注意:不要使2号集油管变形。

如图8-135所示,将2号集油管固定到手动变速器壳上时进行安装。

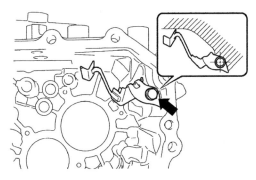
图 8-134　将 1 号集油管固定到手动变速器壳上

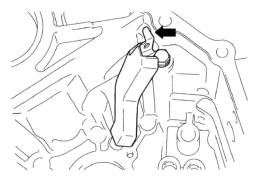
图 8-135　将 2 号集油管固定到手动变速器壳上

⑯安装倒挡定位销总成。

a. 如图 8-136 所示,将倒挡定位销总成安装到手动变速器壳上。

注意:以正确的方向安装倒挡定位销总成。

b. 如图 8-137 所示,使用 5mm 尖冲头和锤子,将开槽弹簧销安装到倒挡定位销总成上。
标准深度:15.5~16.5mm(0.610~0.650in)。

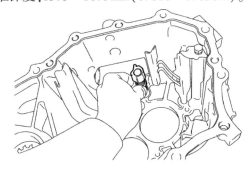
图 8-136　安装倒挡定位销总成

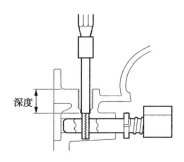
图 8-137　安装开槽弹簧销

c. 如图 8-138 所示,在倒挡定位销螺塞上涂抹黏合剂。

黏合剂:丰田原厂黏合剂 1344、THREEBOND1344 或同等产品。

d. 使用 6mm 六角扳手,将倒挡定位销螺塞安装到手动变速器壳上。
力矩:12.7N·m。

⑰如图 8-139 所示,用螺栓将手动传动桥壳集油槽安装到传动桥壳上。
力矩:11.3N·m。

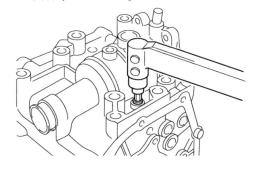
图 8-138　涂抹黏合剂

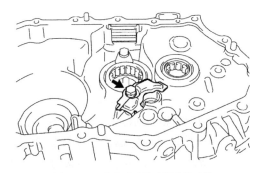
图 8-139　安装手动传动桥壳集油槽

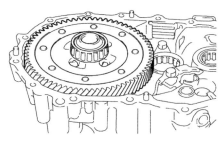

图 8-140　安装差速器壳总成

⑱如图 8-140 所示,在差速器壳总成上涂抹齿轮油并将其安装到传动桥壳上。

⑲安装输入轴总成。

a. 如图 8-141 所示,在输入轴总成的整个圆周涂抹齿轮油。

注意:为防止夹住传动桥壳油封,确保在输入轴总成上涂抹齿轮油。

b. 如图 8-142 所示,在输入轴和输出轴的滑动面和旋转面上涂抹齿轮油,并将其安装到传动桥壳上。

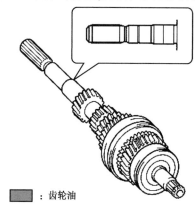

:齿轮油

图 8-141　在输入轴总成涂抹齿轮油

图 8-142　在输入轴和输出轴涂抹齿轮油

⑳如图 8-143 所示,在倒挡惰轮分总成、倒挡惰轮推力垫圈和倒挡惰轮轴上涂抹齿轮油,并将其安装。

提示:使倒挡惰轮轴上的标记和图 8-143 中所示的螺栓孔对准。

㉑安装 1 号换挡拨叉轴分总成。

a. 如图 8-144 所示,在 1 号换挡拨叉和 2 号换挡拨叉上涂抹齿轮油,并进行安装。

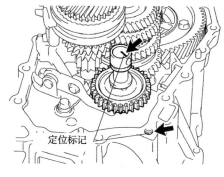

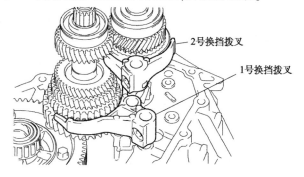

图 8-143　涂抹齿轮油

图 8-144　在 1、2 号换挡拨叉上涂抹齿轮油

b. 如图 8-145 所示,在 1 号换挡拨叉轴分总成上涂抹齿轮油,并进行安装。

c. 在换挡拨叉固定螺栓上涂抹黏合剂。

黏合剂:丰田原厂黏合剂 1344、THREEBOND1344 或同等产品。

d. 安装换挡拨叉固定螺栓。

力矩：15.7N·m。

e. 如图8-146所示，使用铜棒和锤子将新换挡拨叉轴卡环安装到1号换挡拨叉轴分总成上。

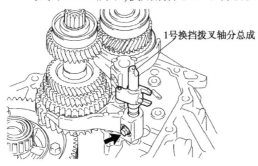
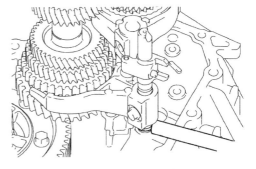

图8-145　涂抹齿轮油　　　　　　　　图8-146　安装换挡拨叉轴卡环

㉒安装3号换挡拨叉。

a. 如图8-147所示，在2个倒挡换挡拨叉钢球上涂抹通用润滑脂，并将其安装到倒挡换挡拨叉上。

b. 将倒挡换挡拨叉安装到3号换挡拨叉轴上。

c. 如图8-148所示，使用铜棒和锤子将2个新的换挡拨叉轴卡环安装到3号换挡拨叉轴上。

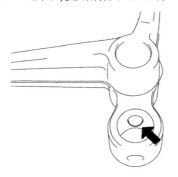
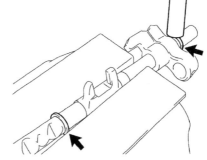

图8-147　安装倒挡换挡拨叉钢球　　　　图8-148　安装换挡拨叉轴卡环

d. 如图8-149所示，在3号换挡拨叉轴上涂抹齿轮油，并进行安装。

㉓安装2号换挡拨叉。

a. 如图8-150所示，在1号变速导块和2号换挡拨叉轴上涂抹齿轮油，并进行安装。

注意：为避免受2个倒挡换挡拨叉钢球的干扰，将3号换挡拨叉轴提起到如图8-150所示的位置。

b. 如图8-151所示，在2号换挡拨叉锁紧螺栓和1号变速导块锁紧螺栓上涂抹黏合剂，并将其安装到2号换挡拨叉和1号变速导块上。

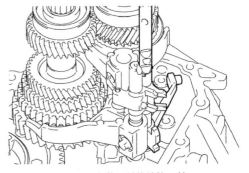

图8-149　安装3号换挡拨叉轴

黏合剂：丰田原厂黏合剂1344、THREEBOND1344或同等产品。

力矩：15.7N·m。

㉔如图8-152所示，用2个螺栓将倒挡换挡臂支架总成安装到传动桥壳上。

力矩：17.2N·m。

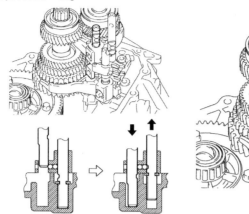
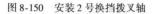

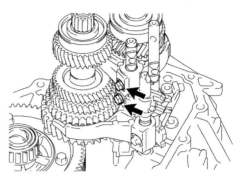

图8-150　安装2号换挡拨叉轴　　　　图8-151　安装锁紧螺栓

㉕安装手动变速器壳。

a. 如图8-153所示，在手动变速器壳上涂抹FIPG。

FIPG：丰田原厂密封胶1281、THREEBOND1281或同等产品。

注意：在涂抹10min内安装零件。否则，必须清除密封胶(FIPG)并重新涂抹。

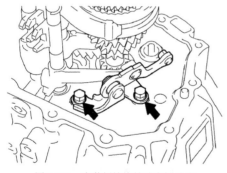
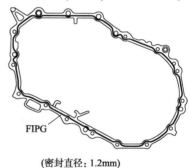

图8-152　安装倒挡换挡臂支架总成　　　　图8-153　涂抹FIPG

b. 如图8-154所示，将13个螺栓安装到手动变速器壳上。

力矩：29.4N·m。

c. 如图8-155所示，将3个螺栓安装到传动桥壳上。

力矩：29.4N·m。

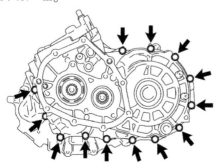

图8-154　安装13个螺栓　　　　图8-155　安装3个螺栓

㉖如图8-156所示,在倒挡惰轮轴螺栓的螺纹上涂抹黏合剂,并将其和新衬垫一起安装。力矩:29.4N·m。

㉗如图8-157所示,在2号锁止钢球总成的螺纹上涂抹黏合剂,并用6mm六角扳手安装。力矩:29.4N·m。

图8-156 在倒挡惰轮螺栓的螺纹上涂抹黏合剂　　图8-157 在2号锁止钢球总成螺纹上涂抹黏合剂

㉘安装换挡锁止钢球。

a. 如图8-158所示,将2个换挡锁止钢球、2个压缩弹簧和2个弹簧座安装到手动变速器壳上。

b. 如图8-159所示,在2个换挡锁止钢球螺塞上涂抹黏合剂,并用6mm六角扳手安装。力矩:22N·m。

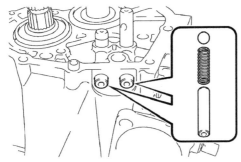 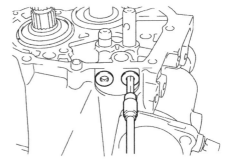

图8-158 安装换挡锁止钢球　　图8-159 在换挡锁止钢球螺塞上涂抹黏合剂

c. 如图8-160所示,将换挡锁止钢球、压缩弹簧和弹簧座安装到传动桥壳上。

d. 如图8-161所示,在换挡锁止钢球螺塞的螺纹上涂抹黏合剂,并用六角扳手安装。力矩:22N·m。

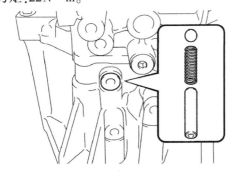 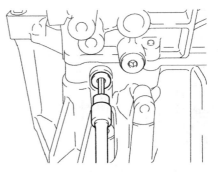

图8-160 安装换挡锁止钢球　　图8-161 安装换挡锁止钢球螺塞

㉙如图 8-162 所示,使用卡环扩张器,将新的输入轴后轴承孔卡环安装到输入轴上。
注意:不要过度扩张输入轴后轴承孔卡环。
㉚如图 8-163 所示,使用卡环扩张器,将新的输出轴后轴承孔卡环安装到输出轴上。
注意:不要过度扩张输出轴后轴承孔卡环。

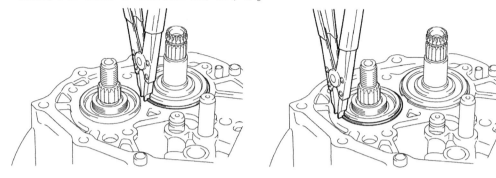

图 8-162　安装输入轴后轴承孔卡环　　　　　图 8-163　安装输出轴后轴承孔卡环

㉛如图 8-164 所示,使用铜棒和锤子将新换挡拨叉轴卡环安装到 2 号换挡拨叉轴上。

㉜如图 8-165 所示,在 5 个螺栓的螺纹上涂抹黏合剂,并用这些螺栓将后轴承护圈安装到手动变速器壳上。

力矩:27.4N·m。

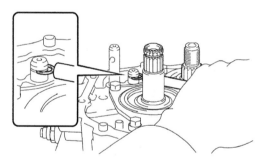 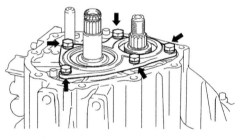

图 8-164　安装换挡拨叉轴卡环　　　　　图 8-165　在 5 个螺栓的螺纹上涂抹黏合剂

㉝如图 8-166 所示,使用专用工具将五挡从动齿轮安装到输出轴上。

㉞如图 8-167 所示,在五挡齿轮滚针轴承和五挡齿轮轴承隔垫上涂抹齿轮油,并将其安装到输入轴上。

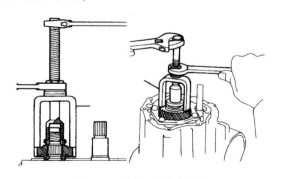 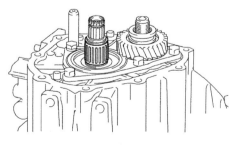

图 8-166　安装五挡从动齿轮　　　　　图 8-167　安装五挡齿轮滚针轴承

㉟如图 8-168 所示,在五挡齿轮上涂抹齿轮油,并将其安装到输入轴上。
㊱如图 8-169 所示,在同步器 3 号锁环上涂抹齿轮油,并将其安装到五挡齿轮上。

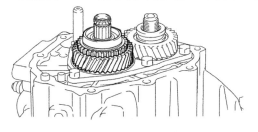

图 8-168　安装五挡齿轮

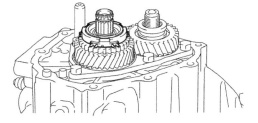

图 8-169　安装同步器 3 号锁环

㊲安装变速器 3 号离合器毂。

a. 如图 8-170 所示,安置合适尺寸的木块以支撑输入轴。

b. 如图 8-171 所示,将 3 个同步啮合换挡键和 2 个同步啮合换挡键弹簧安装到变速器 3 号离合器毂上。

注意:不要将 2 个换挡键弹簧开口设置在相同的位置。

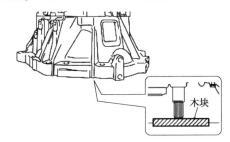

图 8-170　安置合适尺寸的木块

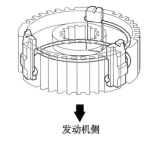

图 8-171　安装 3 个同步啮合换挡键

c. 如图 8-172 所示,使用专用工具和锤子,将变速器 3 号离合器毂安装到输入轴上。

注意:不要以错误的方向安装变速器 3 号离合器毂。

安装变速器 3 号离合器毂时,使同步器 3 号锁环键槽与 3 号同步啮合换挡键对准。

检查并确认五挡齿轮可以转动。

d. 如图 8-173 所示,选择一个可使轴向间隙最小的卡环。

间隙:0.1mm(0.00394in)或更小。

卡环厚度见表 8-2。

卡 环 厚 度　　　表 8-2

标　记	厚度 mm(in)	标　记	厚度 mm(in)
A	2.25(0.0886)	E	2.49(0.0980)
B	2.31(0.0909)	F	2.55(0.1004)
C	2.37(0.0933)	G	2.61(0.103)
D	2.43(0.0957)	—	—

e. 如图 8-174 所示,使用铜棒和锤子将新卡环安装到输入轴上。

㊳如图 8-175 所示,使用百分表,测量五挡齿轮轴向间隙。

标准间隙:0.10~0.55mm(0.00394~0.0217in)。

最大间隙:0.55mm(0.0217in)。

如果间隙大于最大值,则更换变速器3号离合器毂、五挡齿轮或输入轴后径向滚珠轴承。

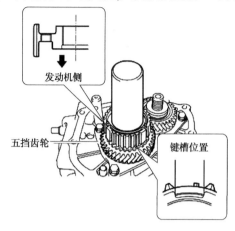

图8-172 安装变速器3号离合器毂

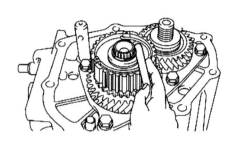

图8-173 选择轴向间隙最小的卡环

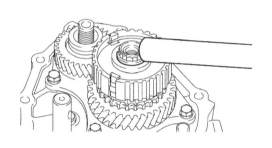

图8-174 安装卡环

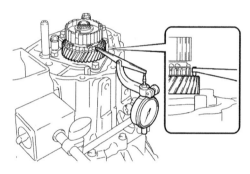

图8-175 测量五挡齿轮轴向间隙

㊴如图8-176所示,使用百分表,测量五挡齿轮径向间隙。

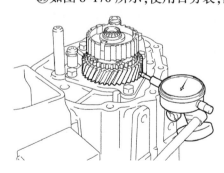

图8-176 测量五挡齿轮径向间隙

标准间隙:0.015～0.058mm(0.000591～0.00228in)。

最大间隙:0.058mm(0.00228in)。

如果间隙大于最大值,则更换五挡齿轮、五挡齿轮滚针轴承或输入轴。

㊵安装3号换挡拨叉。

a. 如图8-177所示,在变速器3号接合套上涂抹齿轮油,并将其与3号换挡拨叉一起安装到变速器3号离合器毂上。

提示:以正确的方向安装变速器3号离合器毂。

b. 如图8-178所示,在3号换挡拨叉锁紧螺栓的螺纹上涂抹黏合剂,并将其安装到3号换挡拨叉上。

力矩:15.7N·m。

㊶安装手动变速器输出轴后固定螺母。

a. 如图 8-179 所示,同时接合 2 个齿轮以锁止变速器。

b. 安装新的手动变速器输出轴后固定螺母。

力矩:117.6N·m。

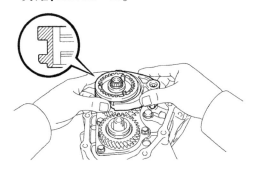

图 8-177　安装变速器 3 号接合套　　　图 8-178　安装 3 号换挡拨叉锁紧螺栓

c. 如图 8-180 所示,使用冲子和锤子锁紧手动变速器输出轴后固定螺母。

d. 分离 2 个齿轮。

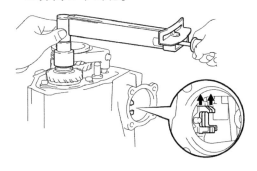 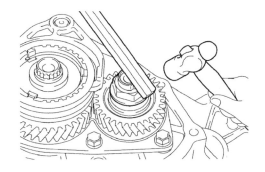

图 8-179　同时接合 2 个齿轮　　　图 8-180　锁紧手动变速器输出轴后固定螺母

㊷安装手动变速器盖分总成。

a. 如图 8-181 所示,在手动变速器盖分总成上涂抹 FIPG。

注意:在涂抹 10min 内安装零件。否则,必须清除密封胶(FIPG)并重新涂抹。

b. 如图 8-182 所示,在 9 个螺栓的螺纹上涂抹黏合剂。用 9 个螺栓将手动变速器盖分总成安装到手动变速器壳上。

力矩:21N·m。

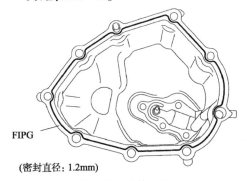 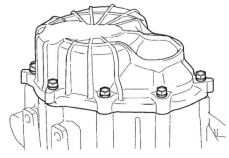

图 8-181　涂抹 FIPG　　　图 8-182　涂抹黏合剂

㊸如图 8-183 所示，在换挡和选挡杆轴总成上涂抹齿轮油，并将其安装到手动变速器壳上。

㊹如图 8-184 所示，使用专用工具和锤子，将新的控制轴罩油封安装到控制轴罩上。在控制轴罩油封上涂抹通用润滑脂。

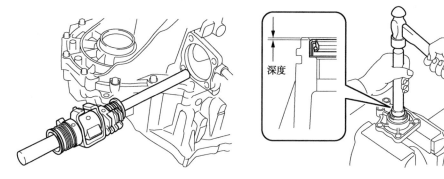

图 8-183　安装换挡选挡杆轴总成　　　　　图 8-184　安装控制轴罩油封

㊺如图 8-185 所示，在 4 个螺栓的螺纹上涂抹黏合剂。用 4 个螺栓将新衬垫和控制轴罩安装到手动变速器壳上。

注意：将换挡互锁板的卡爪牢固固定到换挡拨叉轴的变速导块部分内。

㊻安装换挡导销。

a. 如图 8-186 所示，在换挡导销的螺纹上涂抹黏合剂。

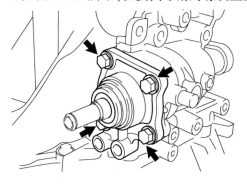 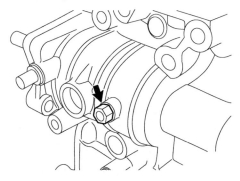

图 8-185　在螺栓上涂抹黏合剂　　　　　图 8-186　在换挡导销上涂抹黏合剂

b. 安装垫圈和换挡导销。

力矩：11N·m。

㊼如图 8-187 所示，在 1 号锁止钢球总成的螺纹上涂抹黏合剂，并将其安装到手动变速器壳上。

力矩：29.4N·m。

㊽安装换挡杆减振器。

a. 将防尘罩安装到控制轴罩上。

b. 用锁销将换挡杆减振器安装到换挡和选挡杆轴总成上。

c. 如图 8-188 所示，安装垫圈和螺母。

力矩：11.8N·m。

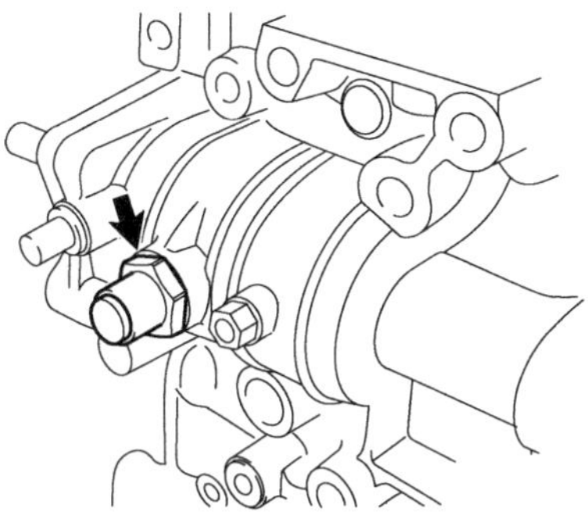

图 8-187 在 1 号锁止钢球总成上涂抹黏合剂

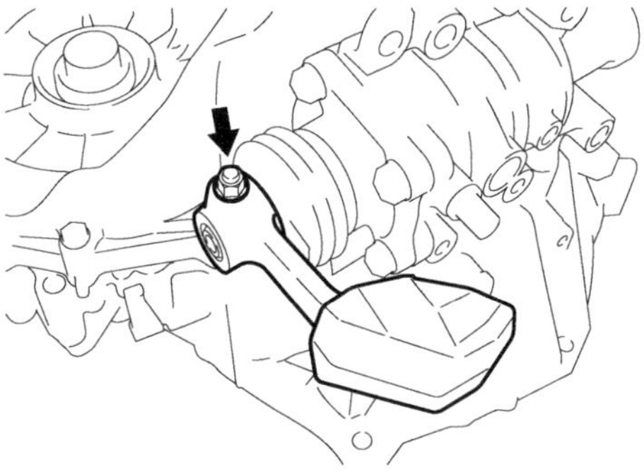

图 8-188 安装垫圈和螺母

㊾安装地板式换挡控制杆。

a. 将防尘罩安装到换挡和选挡杆轴油封上。

b. 用锁销将地板式换挡控制杆安装到换挡和选挡杆轴总成上。

c. 如图 8-189 所示,安装垫圈和螺母。

力矩:11.8N · m。

㊿安装选挡直角杠杆总成。

a. 将换挡和选挡杆衬套安装到选挡直角杠杆总成上。

注意:在换挡和选挡杆衬套的内圆上涂抹通用润滑脂。

b. 如图 8-190 所示,用 2 个螺栓和螺母将选挡直角杠杆总成安装到手动变速器壳上。

力矩:螺栓为 24.5N · m;螺母为 11.8N · m。

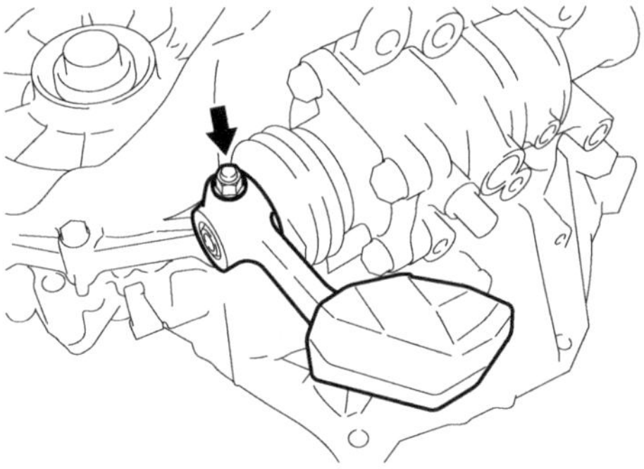

图 8-189 安装垫圈和螺母

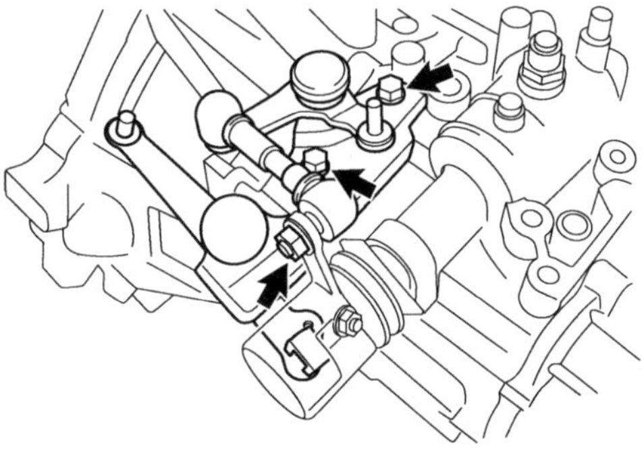

图 8-190 安装选挡直角杠杆总成

(51)安装倒车灯开关总成。

a. 如图 8-191 所示,使用专用工具,将倒车灯开关总成和新衬垫安装到手动变速器壳上。

力矩:40.2N · m。

b. 接合卡夹。

(52)如图 8-192 所示,将新衬垫和手动变速器注油螺塞安装到手动变速器壳上。

力矩:39.2N · m。

提示:使衬垫锥形面朝向手动变速器壳。

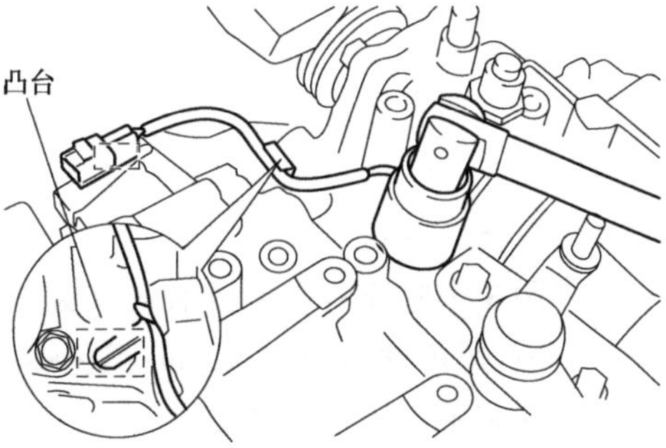

图 8-191 安装倒车灯开关总成

㉝如图 8-193 所示,将新衬垫和放油螺塞分总成安装到手动变速器壳上。

力矩:39.2N·m。

提示:使衬垫锥形面朝向手动变速器壳。

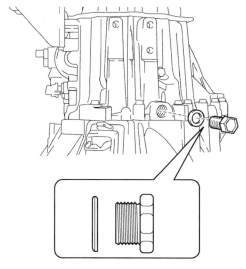
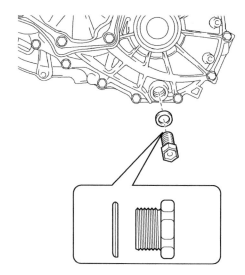

图 8-192　安装衬垫和手动变速器注油螺塞　　　图 8-193　安装衬垫和放油螺塞

(4)安装手动变速器及传动桥总成。

注意:带手动传动桥总成的发动机总成非常重。务必遵循维修手册描述的程序,否则发动机升降机可能会突然掉落。

①安装速度表从动齿轮孔盖分总成。

a.在新 O 形圈上涂抹齿轮油。

b.将新 O 形圈安装到速度表从动齿轮孔盖分总成上。

c.用螺栓将速度表从动齿轮孔盖分总成安装到手动传动桥总成上。

力矩:11.3N·m。

②用 2 个螺栓将地板式换挡控制杆壳支架安装到手动传动桥总成上。

力矩:24.5N·m。

③用 3 个螺栓将发动机后悬置支架安装到手动传动桥总成上。

力矩:45N·m。

④安装发动机左悬置支架。

a.在 3 个螺栓上涂抹黏合剂。

黏合剂:丰田原厂黏合剂 1324、THREEBOND1324 或同等产品。

b.用 3 个螺栓将发动机左悬置支架安装到手动传动桥总成上。

力矩:52N·m。

⑤用 3 个螺栓将发动机前悬置支架安装到手动传动桥总成上。

力矩:黑色螺栓为 64N·m;银色螺栓为 45N·m。

⑥安装手动传动桥总成。

a.如图 8-194 所示,安装手动传动桥总成前,检查并确认已将 2 个锁销安装到发动机总成上。

b. 如图8-195所示,将输入轴对准离合器盘,并将手动传动桥总成安装到发动机总成上。

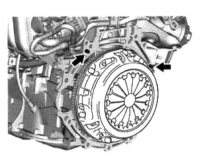
图8-194 检查并确认锁销

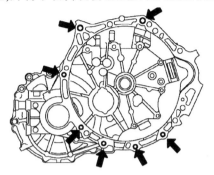
图8-195 安装手动传动桥总成

c. 安装7个螺栓。

力矩:33N·m。

注意:
- 确保线束或类似物品未挤压在接触面之间。
- 将手动传动桥总成安装到发动机总成上时,不要强行撬动。
- 不要对手动传动桥总成施加过大的力,因为这将损坏输入轴。
- 将手动传动桥总成安装到发动机总成上时,确保2个锁销牢固安装到锁孔内。
- 紧固螺栓前,确保发动机总成和手动传动桥总成的接触面配合平整。

⑦连接线束。

a. 如图8-196所示,接合卡夹。

b. 连接倒车灯开关总成连接器。

⑧安装起动机总成。

⑨暂时安装发动机后悬置隔振垫。

⑩暂时安装发动机前悬置隔振垫。

⑪安装带传动桥的发动机总成。

3. 传动轴的拆装

(1) 拆卸前轮。

(2) 拆卸发动机后部左侧底罩。

(3) 拆卸发动机后部右侧底罩。

(4) 排空手动传动桥油。

(5) 拆卸前桥半轴。

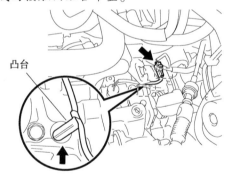
图8-196 接合卡夹

①如图8-197所示,使用SST和锤子松开前桥半轴螺母的锁紧部件。

注意: 完全松开前桥半轴螺母的锁紧部件,否则可能会损坏半轴的螺纹。

②施加制动的同时,拆下前桥半轴螺母。

(6) 分离前轮转速传感器。

(7) 分离前挠性软管。

(8) 分离横拉杆接头分总成。

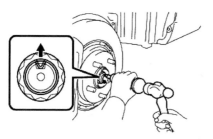

图8-197 松开前桥半轴螺母的锁紧部件

(9)分离前稳定杆连杆总成。

(10)分离前悬架1号下臂分总成。

(11)分离前桥半轴总成。

(12)如图8-198所示,使用专用工具拆下前桥左半轴总成。

注意:

①不要损坏前桥左半轴油封。

②不要损坏前桥内侧万向节防尘罩。

③不要掉落前桥左半轴总成。

(13)拆卸前桥右半轴总成。

提示: 执行与左侧相同的程序。

(14)如图8-199所示,使用螺丝刀拆下前桥半轴孔卡环。

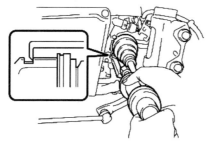
图8-198 拆下前桥左半轴总成

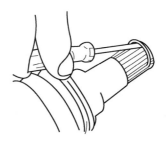
图8-199 拆下前桥半轴孔卡环

(15)安装新的前桥半轴孔卡环。

(16)安装前桥左半轴总成。

①在前桥半轴内侧万向节总成的花键上涂抹齿轮油。在前桥左半轴油封唇口上涂抹通用润滑脂。

②如图8-200所示,对准内侧万向节花键,并使用铜棒和锤子安装左前半轴总成。

注意:

a.使前桥半轴孔卡环的端隙朝下。

b.不要损坏前桥左半轴油封。

c.不要损坏前桥内侧万向节防尘罩。

在安装过程中确保前桥左半轴总成置中以防止损坏前桥半轴孔卡环。

提示: 通过检查反作用力和声音确认半轴是否嵌入牢固。

③如图8-201所示,对准装配标记,并将前桥左半轴总成安装到前桥轮毂分总成上。

(17)安装前桥右半轴总成。

(18)连接前悬架1号下臂分总成。

(19)安装前稳定杆连杆总成。

(20)连接横拉杆接头分总成。

(21)安装前挠性软管。

(22)安装前轮转速传感器。

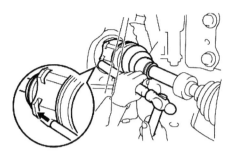
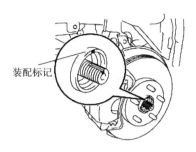

图 8-200　安装左前半轴总成　　　　图 8-201　安装前桥左半轴总成

（23）安装前桥半轴螺母。
（24）加注手动传动桥油。
（25）检查是否漏油。
（26）安装发动机后部左侧底罩。
（27）安装发动机后部右侧底罩。
（28）安装前轮。
（29）调节前轮定位。
（30）检查转速传感器信号。

七 考核标准

考核标准见表 8-3。

考核标准表　　　　表 8-3

序号	考核项目	满分	评分标准	得分
1	作业前整理工位	10	酌情扣分	
2	工位停车	5	停车不当扣 5 分	
3	车辆可靠停靠	5	操作不当扣 5 分	
4	拆装离合器总成	20	操作不当扣 20 分	
5	拆装手动变速器及传动桥总成	30	操作不当扣 20 分	
6	拆装传动轴总成	20	操作不当扣 20 分	
7	作业后整理工位	10	酌情扣分	
8	遵守相关安全规范	因违规操作造成人员和设备事故的，总分按 0 分计		
	分数合计	100		

实训 9　转向系统的拆装

一　实训目标

（1）掌握正确使用拆装工具的方法。
（2）掌握正确拆装转向系统组件的方法。
（3）熟悉转向系统的各零件的名称、位置、结构和作用。

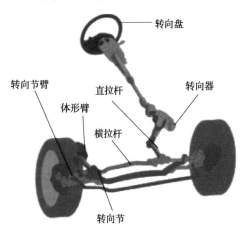

图 9-1　转向系统示意图

二　实训内容

1. 转向系统的作用

转向系统的作用是通过驾驶人的操作，根据需要改变汽车行驶的方向，如图 9-1 所示。

2. 转向系统的分类

转向系统可按转向动力源的不同分为机械转向系统和动力转向系统两大类，如图 9-2 和图 9-3 所示。

3. 实训任务

按照维修手册的规范要求对汽车传动轴各个部件和总成进行拆装，通过拆装去观察和认识传动轴的构成和基本工作原理。

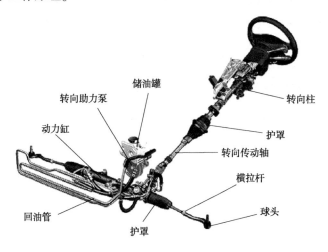

图 9-2　液压助力转向系统构造图

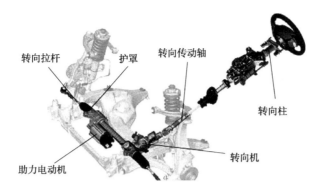

图 9-3　电动助力转向系统结构图

三 实训器材

(1)举升工位 4 个。
(2)丰田卡罗拉轿车 4 辆。
(3)车辆防护三件套 4 套。
(4)常用汽车维修工具 4 套。

四 实训要求与注意事项

(1)在操作开始前,检查所有的设备并备齐工具。
(2)安装车轮挡块时,可以用举升机顶起部分车轮。
(3)三件套和翼子板布、前格栅布的安装方法要正确。
(4)将点火开关置于 OFF 位置后,断开蓄电池负极(-)端子电缆前,可能需要等待一段时间。因此,继续工作前,确保阅读断开蓄电池负极(-)端子电缆的注意事项。
(5)实训过程要符合车辆维修的操作规程。

五 教学组织

1. 教学组织形式

本课程为"小班化"实训课,实训教师 1 名,学生 24 名,实训室共有 4 个实训工位,按照 6 人一个工位编组。

2. 实训教师职责

通过 PPT 课件展示、教学视频播放等教学手段,讲解实训任务的操作步骤和相关注意事项;组织学生进行分组;巡视、检查、指导和纠正学生操作中的错误;课堂总结;组织学生做好 5S 管理。

3. 学生职责

认真观看 PPT 课件和教学视频;完成教师布置的任务;做好课后的清洁、整理等 5S 管理工作。

六 操作步骤

（1）拆卸转向盘。

①使前轮朝向正前方。

②断开蓄电池负极端子电缆。

注意：断开蓄电池负极（-）端子电缆后，至少等待90s，以禁用SRS系统。

提示：断开并重新连接电缆后，某些系统需要初始化。

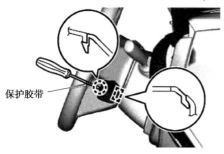

③如图9-4所示，用头部缠有保护胶带的螺丝刀，分离卡爪和导销以拆下转向盘2号下盖。

④拆卸喇叭按钮总成。

注意：存放喇叭按钮总成时，保持空气囊展开侧朝上。

a. 检查并确认点火开关置于OFF位置。

b. 检查并确认已断开蓄电池负极（-）端子电缆。

图9-4 分离卡爪和导销

注意：断开蓄电池负极（-）端子电缆后，至少等待90s，以禁用SRS系统。

c. 如图9-5所示，使用"TORX"十字螺丝刀T30H，按下3个扭力弹簧以分离3个销。

注意：不要掉落喇叭按钮总成。

提示：从转向盘2号下盖的安装孔和2个维修孔中插入"TORX"十字螺丝刀T30H。

d. 从转向盘总成中拉出喇叭按钮总成，并用一只手撑住喇叭按钮总成。

注意：分离喇叭按钮总成时，不要拉动空气囊线束。

e. 如图9-6所示，从喇叭按钮总成上断开喇叭连接器。使用头部缠有保护胶带的螺丝刀，松开空气囊连接器锁。断开空气囊连接器，以拆下喇叭按钮总成。

注意：断开任何空气囊连接器时，小心不要损坏空气囊线束。

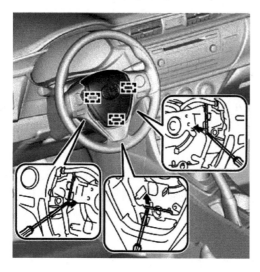

图9-5 按下3个扭力弹簧

图9-6 断开喇叭连接器

⑤拆卸转向盘总成。

a. 如图 9-7 所示,拆下转向盘总成固定螺母。

b. 在转向盘总成和转向主轴上做装配标记。

c. 断开螺旋电缆分总成各连接器。

d. 如图 9-8 所示,使用专用工具拆下转向盘总成。

图 9-7 拆下转向盘总成固定螺母

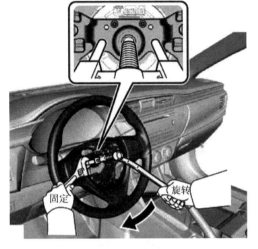
图 9-8 拆下转向盘总成

注意:使用前,在专用工具的螺纹和端部涂抹少量润滑脂。

⑥拆卸转向盘 1 号装饰件(不带转向盘装饰盖开关)。

a. 如图 9-9 所示,拆下 2 个螺钉。

b. 分离 4 个卡爪、2 个销和 2 个导销,以从转向盘分总成上拆下转向盘 1 号装饰件。

(2)拆卸转向柱。

①拆卸转向柱下罩。

a. 如图 9-10 所示,拆下 2 个螺钉。

b. 如图 9-11 所示,分离 5 个卡爪并拆下转向柱下罩。

②如图 9-12 所示,分离 2 个卡爪并拆下转向柱上罩。

③拆卸带螺旋电缆分总成的转向信号开关总成。

a. 从带螺旋电缆分总成的转向信号开关总成上断开各连接器。

b. 如图 9-13 所示,使用钳子,扩张卡夹。

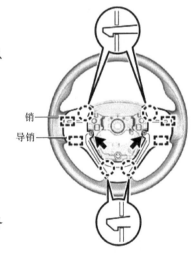
图 9-9 拆下 2 个螺钉

c. 在保持卡夹扩张的同时,用螺丝刀抬起卡爪以将其分离,然后从转向柱总成上拆下带螺旋电缆分总成的转向信号开关总成。

④拆卸转向柱孔盖消声板。

a. 卷起地毯。

b. 如图 9-14 所示,拆下 2 个卡子和转向柱孔盖消声板。

图9-10 拆下2个螺钉

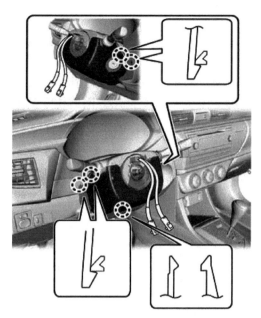

图9-11 分离5个卡爪并拆下转向柱下罩

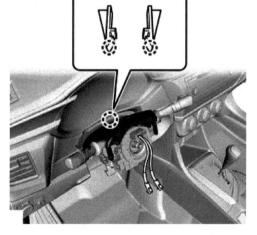

图9-12 分离2个卡爪并拆下转向柱上罩

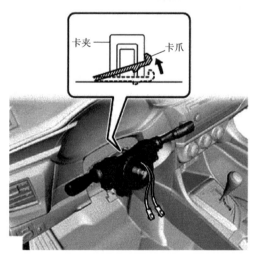

图9-13 扩张卡夹

⑤分离2号转向中间轴总成。

a. 如图9-15所示,在2号转向中间轴总成和转向中间轴总成上做装配标记。

b. 拆下螺栓。

c. 从转向中间轴总成上分离2号转向中间轴总成。

⑥拆卸上仪表板总成。

⑦拆卸仪表组下装饰板总成。

⑧拆卸1号开关孔座。

⑨拆卸仪表板1号底罩分总成。

⑩拆卸仪表板下装饰板分总成。

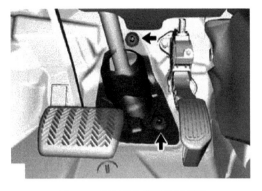

图 9-14 拆下转向柱孔盖消声板

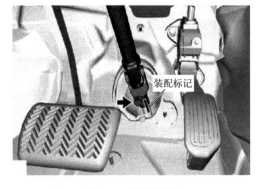

图 9-15 做装配标记

⑪拆卸制动踏板支架总成。

⑫拆卸 2 号转向中间轴总成。

a. 如图 9-16 所示,拆下螺栓并滑动 2 号转向中间轴总成。

注意:不要从转向柱总成上拆下 2 号转向中间轴总成。

b. 在 2 号转向中间轴总成和转向柱总成上做装配标记。

c. 从转向柱总成上拆下 2 号转向中间轴总成。

⑬拆卸转向柱总成(电刷型电动机)。

a. 如图 9-17 所示,断开 2 个连接器。

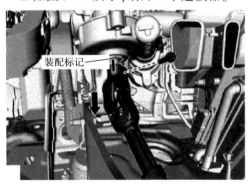

图 9-16 拆下螺栓

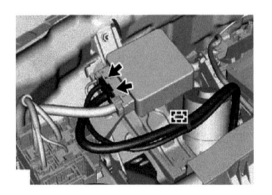

图 9-17 断开 2 个连接器

b. 分离卡夹。

c. 断开各连接器,并从转向柱总成上分离各线束卡夹。

d. 如图 9-18 所示,拆下螺栓、2 个螺母和转向柱总成。

(3)拆卸转向机。

①如图 9-19 所示,从车身上分离卡子 A 和卡子 B 并分离转向柱 1 号孔盖分总成。

注意:不要损坏卡子 A 或 B。

②拆卸前轮。

③拆卸发动机 1 号底罩。

④拆卸发动机中央 4 号底罩。

⑤拆卸发动机后部左侧底罩。

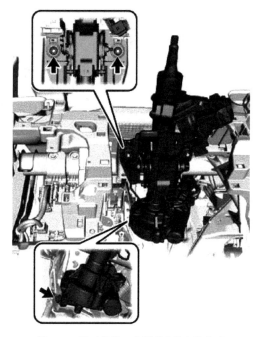

图 9-18 拆下螺栓、2个螺母和转向柱总成

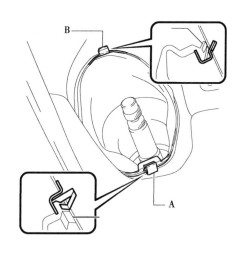

图 9-19 分离卡子 A 和卡子 B

⑥拆卸发动机后部右侧底罩。
⑦分离左前稳定杆连杆总成。
⑧分离右前稳定杆连杆总成。

⑨分离左侧横拉杆接头分总成。
a. 下开口销和螺母。
b. 如图 9-20 所示，将专用工具安装到左侧横拉杆接头分总成上。
c. 细绳固定专用工具。
注意：将专用工具固定到转向节时确保细绳系紧，以防专用工具掉落。
d. 如图 9-21 所示，使用专用工具，从转向节上分离左侧横拉杆接头分总成。

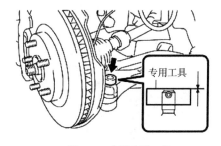

图 9-20 安装专用工具

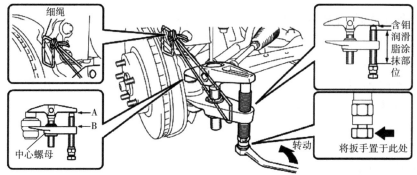

图 9-21 分离左侧横拉杆接头分总成

注意：在螺栓螺纹和专用工具端部涂抹含钼润滑脂。

小心：
- 将专用工具固定到转向节时确保细绳系紧，以防专用工具掉落。
- 用中心螺母安装专用工具，使图9-21中所示的A和B平行。否则，球节防尘罩可能损坏。
- 一定要将扳手置于图9-21中所示部位。
- 不要损坏前盘式制动器防尘罩。
- 不要损坏球节防尘罩。
- 不要损坏转向节。

⑩分离右侧横拉杆接头分总成。
⑪分离左前悬架1号下臂分总成。
⑫分离右前悬架1号下臂分总成。
⑬拆卸发动机前悬置支架下加强件。
⑭拆卸左前悬架横梁加强件。
⑮拆卸右前悬架横梁加强件。
⑯拆卸左前悬架横梁后支架。
⑰拆卸右前悬架横梁后支架。
⑱拆卸前悬架横梁分总成。
⑲从转向拉杆总成上拆下转向柱1号孔盖分总成。
⑳拆卸转向中间轴。
a. 如图9-22所示，在转向中间轴和转向拉杆总成上做好装配标记。
b. 从转向拉杆总成上拆下螺栓和转向中间轴。
㉑如图9-23所示，从前悬架横梁分总成上拆下2个螺栓、2个螺母和转向拉杆总成。

注意：因为螺母有其自己的挡块，所以不要转动螺母。松开螺栓时要把螺母固定住。

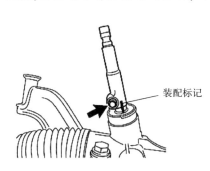

图9-22 做好装配标记

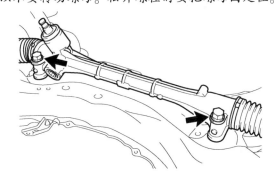

图9-23 拆下2个螺栓、2个螺母和转向拉杆总成

㉒如图9-24所示，使用专用工具，将转向拉杆总成固定在台虎钳上。
㉓拆卸左侧横拉杆接头分总成。
a. 如图9-25所示，在左侧横拉杆接头分总成和转向机总成上做装配标记。
b. 拆下左侧横拉杆接头分总成和锁紧螺母。
㉔拆卸右侧横拉杆接头分总成。

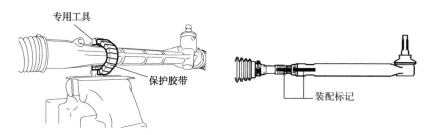

图 9-24 将转向拉杆固定在台虎钳上　　图 9-25 做装配标记

(4) 安装转向机。

①如图 9-26 所示,将锁紧螺母和左侧横拉杆接头分总成安装到转向机总成上,使装配标记对准。

提示:调节前束后,紧固锁紧螺母。

②安装右侧横拉杆接头分总成。

③用 2 个螺栓和 2 个螺母将转向拉杆总成安装至前悬架横梁分总成。

力矩:110N·m。

注意:因为螺母有其自己的挡块,所以不要转动螺母。紧固螺栓时要把螺母固定住。确保从车辆左侧开始紧固螺栓。

④安装转向中间轴。

a. 如图 9-27 所示,对准装配标记并将转向中间轴安装至转向拉杆总成。

b. 安装新螺栓。

力矩:35N·m。

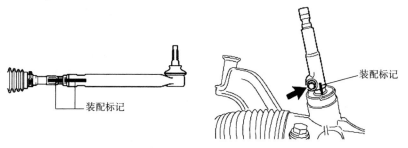

图 9-26 对准装配标记　　图 9-27 对准装配标记

⑤转向柱 1 号孔盖分总成安装到转向拉杆总成上。

⑥安装前悬架横梁分总成。

⑦安装左前悬架横梁后支架。

⑧安装右前悬架横梁后支架。

⑨安装左前悬架横梁加强件。

⑩安装右前悬架横梁加强件。

⑪安装发动机前悬置支架下加强件。

⑫连接左前悬架 1 号下臂分总成。

⑬连接右前悬架 1 号下臂分总成。

⑭连接左侧横拉杆接头分总成

a. 如图 9-28 所示，用螺母将左侧横拉杆接头分总成连接至转向节。

力矩：49N·m。

注意：不要损坏球节防尘罩。如果开口销孔没有对齐，则进一步紧固螺母，最多可紧固 60°。

b. 安装新开口销。

⑮连接右侧横拉杆接头分总成。

⑯安装左前稳定杆连杆总成。

⑰安装右前稳定杆连杆总成。

⑱如图 9-29 所示，安装卡子 A 并将卡子 B 接合到车身上以连接转向柱 1 号孔盖分总成。

注意：确保转向柱 1 号孔盖分总成的唇口未损坏。

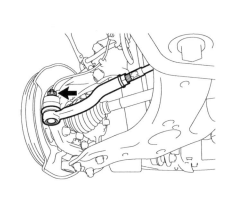

图 9-28　将左侧横拉杆接头分总成连接至转向节　　图 9-29　安装卡子 A 并将卡子 B 接合到车身上

⑲连接 2 号转向中间轴总成。

⑳安装转向柱孔盖消声板。

㉑安装前轮。

㉒稳定悬架。

㉓安装发动机后部左侧底罩。

㉔安装发动机后部右侧底罩。

㉕安装发动机中央 4 号底罩。

㉖安装发动机 1 号底罩。

㉗检查并调节前轮定位。

（5）安装转向柱。

①检查转向柱总成。

②安装转向柱总成。

a. 用螺栓和 2 个螺母安装转向柱总成。

力矩：螺栓为 36N·m；螺母为 25N·m。

注意：确保线束不妨碍转向柱总成。

b. 连接各连接器并将各线束卡夹接合到转向柱总成上。

c. 如图 9-30 所示,接合卡夹。

d. 连接 2 个连接器。

③安装 2 号转向中间轴总成。

a. 如图 9-31 所示,对齐 2 号转向中间轴总成和转向柱总成上的装配标记。

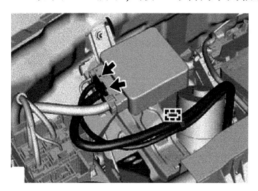

图 9-30　接合卡夹

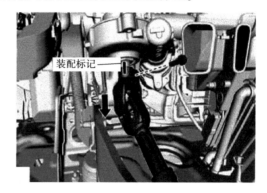

图 9-31　对准装配标记

b. 将 2 号转向中间轴总成安装到转向柱总成上。

c. 安装新螺栓。

力矩:35N·m。

④安装制动踏板支架总成。

⑤安装仪表板下装饰板分总成。

⑥安装仪表板 1 号底罩分总成。

⑦安装 1 号开关孔座。

⑧安装仪表组下装饰板总成。

⑨安装上仪表板总成。

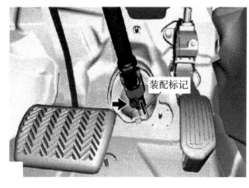

图 9-32　对齐装配标记

⑩连接 2 号转向中间轴总成。

a. 如图 9-32 所示,对齐 2 号转向中间轴总成和转向中间轴总成上的装配标记。

b. 将 2 号转向中间轴总成连接到转向中间轴总成上。

c. 安装新螺栓。

力矩:35N·m。

⑪安装转向柱孔盖消声板。

⑫安装带螺旋电缆分总成的转向信号开关总成。

注意:

- 蓄电池连接且点火开关置于 ON 位置时,不要更换带传感器的螺旋电缆分总成。
- 不要在转向盘总成未连接蓄电池且点火开关置于 ON 位置的情况下转动带传感器的螺旋电缆分总成。
- 检查转向传感器时,确保转向盘总成已安装且对准正前方。

a. 使用钳子,扩张卡夹。

b. 保持卡夹扩张的同时,将带螺旋电缆分总成的转向信号开关总成安装到转向柱总成上并接合卡爪。

c. 使卡夹回到原位置。

d. 将各连接器连接到带螺旋电缆分总成的转向信号开关总成上。

⑬接合2个卡爪以安装转向柱上罩。

⑭安装转向柱下罩。

⑮使前轮朝向正前方。

⑯检查并调节螺旋电缆分总成。

⑰安装转向盘总成。

⑱检查转向盘中心点。

⑲安装喇叭按钮总成。

⑳执行转矩传感器零点校准。

(6)安装转向盘。

①安装转向盘1号装饰件。

②使前轮朝向正前方。

③检查并调节螺旋电缆分总成。

④安装转向盘总成。

⑤检查转向盘中心点。

⑥安装喇叭按钮总成。

七 考核标准

考核标准见表9-1。

考 核 标 准 表　　　　　　　　　　　　　表9-1

序 号	考核项目	满 分	评分标准	得 分
1	作业前整理工位	5	酌情扣分	
2	工位停车	5	停车不当扣5分	
3	举升机的使用	5	操作不当扣5分	
4	转向盘的拆卸	20	操作不当扣10分	
5	转向柱的拆卸	10	操作不当扣10分	
6	转向机的拆卸	10	操作不当扣10分	
7	转向机的安装	10	操作不当扣10分	
8	转向柱的安装	10	操作不当扣10分	
9	转向盘的安装	20	操作不当扣10分	
10	作业后整理工位	5	酌情扣分	
11	遵守相关安全规范		因违规操作造成人员和设备事故的,总分按0分计	
	分数合计	100		

实训 10　行驶系统的拆装

一　实训目标

(1) 掌握正确使用拆装工具的方法。
(2) 掌握正确拆装行驶系统组件的方法。
(3) 熟悉行驶系统的各零件的名称、位置、结构和作用。

二　实训内容

1. 行驶系统的组成和作用

行驶系统主要由车架、车桥、悬架和车轮组成。

功用：

(1) 通过车轮与路面之间的附着作用，使传动系传来的力矩变为汽车行驶的驱动力矩。
(2) 支撑汽车总质量，传递路面作用于车轮上的各种力及力矩。
(3) 缓和冲击，减小振动，保证汽车的行驶平顺性；行驶系统还与转向系统配合保证汽车的操纵稳定性。

汽车行驶系统如图 10-1 所示。

图 10-1　汽车行驶系统示意图

2. 悬架

悬架是车架(或车身)与车桥(或车轮)之间一切动力连接装置的总称。图 10-2 所示为前悬架结构图，图 10-3 所示为后悬架结构图。

汽车悬架是车架或承载车身与车轮之间的弹性传力装置。由它的弹性元件和阻尼元件构成在车轮到车身之间的减振环节，其作用为把车架或承载车身与车轮连接起来，以缓和吸收车轮在不平路面上行驶时所受到的冲击和振动，保证汽车行驶的平顺性。

实训10 行驶系统的拆装

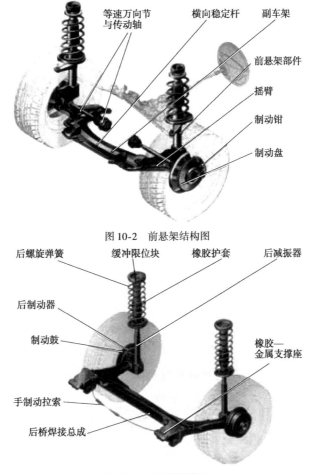

图 10-2　前悬架结构图

图 10-3　后悬架结构图

汽车悬架可分为独立悬架和非独立悬架两大类。现代汽车悬架有多种不同的结构形式,但是一般都由弹性元件、减振器和导向机构组成。

3. **实训任务**

按照维修手册的规范要求对汽车悬架各个部件和总成进行拆装,通过拆装去观察和认识汽车行驶系统的构成和基本工作原理。

三 实训器材

(1) 举升工位 4 个。
(2) 丰田卡罗拉轿车 4 辆。
(3) 车辆防护三件套 4 套。
(4) 常用汽车维修工具 4 套。

四 实训要求与注意事项

(1) 在操作开始前,检查所有的设备并备齐工具。

(2)安装车轮挡块时,可以用举升机顶起部分车轮。
(3)三件套和翼子板布、前格栅布的安装方法要正确。
(4)实训过程要符合车辆维修的操作规程。

五 教学组织

1. 教学组织形式

本课程为"小班化"实训课,实训教师1名,学生24名,实训室共有4个实训工位,按照6人一个工位编组。

2. 实训教师职责

通过PPT课件展示、教学视频播放等教学手段,讲解实训任务的操作步骤和相关注意事项;组织学生进行分组;巡视、检查、指导和纠正学生操作中的错误;课堂总结;组织学生做好5S管理。

3. 学生职责

认真观看PPT课件和教学视频;完成教师布置的任务;做好课后的清洁、整理等5S管理工作。

六 操作步骤

(1)拆卸前减振器。

提示:右侧减振器操作程序与左侧减振器相同。下面程序适用于左侧减振器。

①拆卸风窗玻璃刮水器电动机及连杆总成。

②拆卸左侧防水片。

③拆卸加热器2号风管挡泥板密封。

④拆卸前围上外板。

⑤拆卸前轮。

⑥分离前稳定杆连杆总成。拆下螺母并从前减振器总成上分离前稳定杆连杆总成,如图10-4所示。

提示:如果球节随螺母一起转动,则使用6mm六角套筒扳手固定双头螺柱。

⑦分离前轮转速传感器。拆下螺栓、脱开卡夹并从前减振器总成上分离前轮转速传感器和前挠性软管,如图10-5所示。

 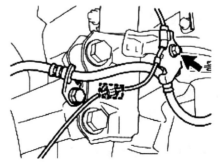

图10-4 分离前稳定杆连杆总成示意图　　图10-5 分离前轮转速传感器示意图

注意：确保将前轮转速传感器从前减振器总成上完全分离。

⑧如图 10-6 所示，拆卸前悬架支座防尘罩。

⑨拆卸带螺旋弹簧的前减振器。

a. 松开前支座至前减振器螺母，如图 10-7 所示。

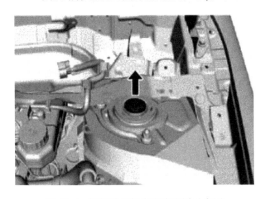 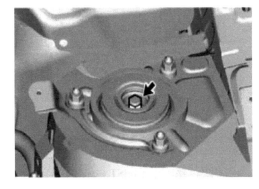

图 10-6　拆卸前悬架支座防尘罩示意图　　　　图 10-7　前支座至前减振器螺母示意图

注意：不要拆下前支座至前减振器螺母；只有需要拆解带螺旋弹簧的前减振器时，才能松开前支座至前减振器螺母。

b. 使用千斤顶和木块，支撑前悬架 1 号下臂分总成，如图 10-8 所示。

c. 拆下 2 个螺栓和 2 个螺母，并从转向节上分离带螺旋弹簧的前减振器（下侧），如图 10-9 所示。

注意：拆下螺母时，应防止螺栓转动。

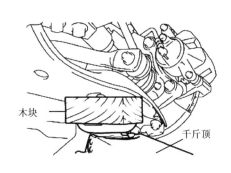

图 10-8　支撑前悬架 1 号下臂分总成示意图　　　图 10-9　螺母和螺栓示意图

d. 拆下 3 个螺母、前挡泥板后延伸件和带螺旋弹簧的前减振器，如图 10-10 所示。

注意：确保将前轮转速传感器从带螺旋弹簧的前减振器上完全分离。

⑩拆卸前支座至前减振器螺母。

a. 将带限位销的 SST 09727-30022（09727-00010，09727-00022，09727-00031）固定在台虎钳上，如图 10-11 所示。

b. 沿螺旋弹簧的直径，跨接 SST 各臂的挂钩，如图 10-12 所示。

注意：

- 确保将上下臂的挂钩接合至螺旋弹簧，使挂钩间距尽可能地大。

- 确保SST臂平行接合至螺旋弹簧,且各侧挂钩之间螺旋弹簧的数目相同。
- 检查并确认挂钩的卡爪牢固接合至螺旋弹簧。

图10-10　3个螺母示意图

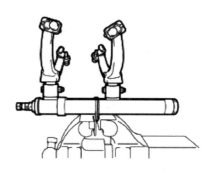

图10-11　SST固定在台虎钳上示意图

c. 将限位销安装到SST的挂钩上,如图10-13所示。

注意:确保限位销牢固安装。

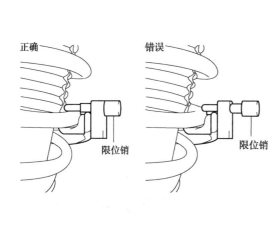

图10-12　跨接SST各臂的挂钩示意图

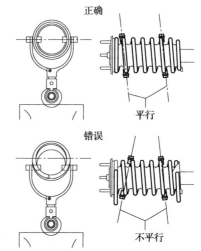

图10-13　限位销安装示意图

d. 如图10-14所示,将SST 09727－30022（09727－00090, 09727－00100）和2个车辆螺母安装到上支座。

e. 使用SST压缩螺旋弹簧,如图10-15所示。

图10-14　SST和螺母安装示意图

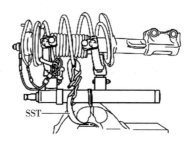

图10-15　压缩螺旋弹簧示意图

注意：
- 如果使用 SST 过程中螺旋弹簧弯曲，则立即停止操作并重新正确接合 SST。
- 不要将螺旋弹簧压缩到簧圈相互接触的程度。
- 不要使用冲击扳手。

如果使用 SST 过程中限位销接触到螺旋弹簧，则拆下限位销并继续执行此程序。在这种情况下，建议安装螺旋弹簧限位带。

f. 检查并确认螺旋弹簧自由伸长，然后拆下前支座至前减振器螺母。

注意：螺旋弹簧未自由伸长时，不要拆下前支座至前减振器螺母。

⑪拆卸前悬架支座分总成。

⑫拆卸前悬架支座防尘密封圈。

⑬拆卸前螺旋弹簧上座。

⑭拆卸前螺旋弹簧上隔振垫。

a. 从前减振器总成卡爪上分离前螺旋弹簧上隔振垫，如图10-16所示。

b. 从前减振器总成上拆下前螺旋弹簧上隔振垫。

⑮拆卸前螺旋弹簧。从前螺旋弹簧上拆下 SST。

注意：不要使用冲击扳手，否则将损坏 SST。

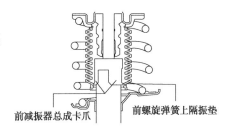

图 10-16　卡爪上分离示意图

⑯拆卸前弹簧缓冲块。

⑰拆卸前螺旋弹簧下隔振垫。

⑱拆卸前减振器总成。

（2）安装前减振器。

①安装前螺旋弹簧下隔振垫。将前螺旋弹簧下隔振垫安装到前减振器总成上，如图10-17所示。

注意：安装前螺旋弹簧下隔振垫时，将隔振垫安装到弹簧座的凹槽并将定位销插入孔内。

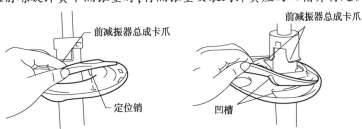

图 10-17　安装下隔振垫示意图

安装前螺旋弹簧下隔振垫时，确保前减振器总成没有夹住前螺旋弹簧下隔振垫。

②安装前弹簧缓冲块。将前弹簧缓冲块安装到前减振器总成上，如图10-18所示。

注意：使前弹簧缓冲块直径较小的一端朝下。

③安装前螺旋弹簧。

a. 将带限位销的 SST 09727－30022（09727－00010，09727－00022，09727－00031）固定在台虎钳上。

b. 沿螺旋弹簧的直径，跨接 SST 各臂的挂钩，如图10-19所示。

注意:
- 确保将上下臂的挂钩接合至螺旋弹簧,使挂钩间距尽可能地大。
- 确保 SST 臂平行接合至螺旋弹簧,且各侧挂钩之间螺旋弹簧的数目相同。
- 检查并确认挂钩的卡爪牢固接合至螺旋弹簧。

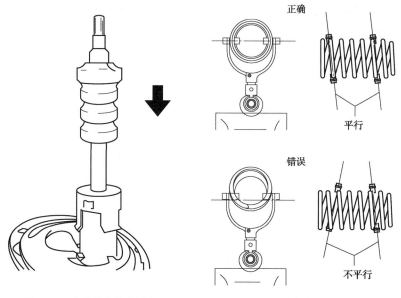

图 10-18 安装缓冲块示意图　　图 10-19 跨接挂钩示意图

c. 将限位销安装到 SST 的挂钩上,如图 10-13 所示。

注意:确保限位销牢固安装。

d. 使用 SST 压缩螺旋弹簧。

注意:
- 如果使用 SST 过程中螺旋弹簧弯曲,则立即停止操作并重新正确接合 SST。
- 不要将螺旋弹簧压缩到簧圈相互接触的程度。
- 不要使用冲击扳手。

如果使用 SST 过程中限位销接触到螺旋弹簧,则拆下限位销并继续执行此程序。在这种情况下,建议按图 10-15 所示安装螺旋弹簧限位带。

④安装前螺旋弹簧上隔振垫。将前螺旋弹簧上隔振垫安装到前减振器总成上,如图 10-20 所示。

提示:稳定悬架时,前螺旋弹簧上隔振垫的下端将与前减振器总成卡爪分离。

⑤安装前螺旋弹簧上座。将前螺旋弹簧上座安装到前减振器总成上,如图 10-21 所示。

注意:
- 确保安装前螺旋弹簧上座,以便将前螺旋弹簧上隔振垫的定位销插入前螺旋弹簧上座的孔内。
- 安装时,将前螺旋弹簧上座的切口和前减振器活塞杆端对准。

⑥安装前悬架支座防尘密封。将新的前悬架支座防尘密封安装到前减振器总成上。

⑦安装前悬架支座分总成。将前悬架支座分总成安装到前减振器总成上。

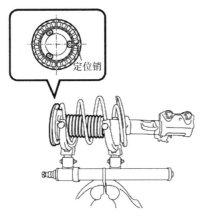
图 10-20 安装隔振垫示意图

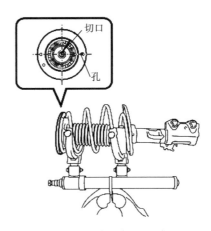
图 10-21 安装弹簧上座示意图

⑧暂时紧固前支座至前减振器螺母。

a.暂时紧固新的前支座至前减振器螺母。

b.从前螺旋弹簧上拆下 SST。

注意:不要使用冲击扳手,否则将损坏 SST。

⑨安装带螺旋弹簧的前减振器。

a.用 3 个螺母安装带螺旋弹簧的前减振器(上侧)和前挡泥板后延伸件。

力矩:50N·m。

b.用 2 个螺栓和 2 个螺母将带螺旋弹簧的前减振器(下侧)安装到转向节上。

力矩:240N·m。

注意:

- 使转向节和带螺旋弹簧的前减振器的接触面无油、润滑脂和异物。
- 安装螺母时,应防止螺栓转动。

提示:可沿任一方向安装螺栓,但要确保两个螺栓的安装方向相同。

⑩完全紧固前支座至前减振器螺母。

a.完全紧固前支座至前减振器螺母。力矩:47N·m。

b.在前悬架支座分总成上涂抹通用润滑脂,如图 10-22 所示。

注意:不要使通用润滑脂黏附到前悬架支座分总成的橡胶部分。

⑪安装前悬架支座防尘罩。

⑫安装前轮转速传感器。

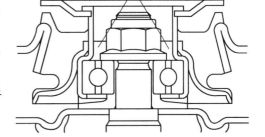
图 10-22 涂抹通用润滑脂示意图

a.用螺栓将前轮转速传感器和前挠性软管安装到前减振器总成上。

力矩:29N·m。

注意:安装时,不要扭曲前挠性软管和前轮转速传感器。

提示:先安装前挠性软管,然后安装前轮转速传感器线束支架。

b.接合卡夹。

⑬安装前稳定杆连杆总成。用螺母将前稳定杆连杆总成安装到前减振器总成上。

力矩:74N·m。

提示:如果球节随螺母一起转动,则使用6 mm六角套筒扳手固定双头螺柱。

⑭安装前围上外板。

⑮安装加热器2号风管挡泥板密封。

⑯安装左侧防水片。

⑰安装风窗玻璃刮水器电动机及连杆总成。

⑱安装前轮。

⑲稳定悬架。

a.降下车辆。

b.上下弹动车辆数次,以稳定悬架。

⑳检查并调节前轮定位。

图10-23 拆下螺栓、螺母示意图

(3)拆卸前悬架下臂(手动传动桥)。

①拆卸前轮。

②分离左前悬架1号下臂分总成。

③拆卸左前悬架1号下臂分总成。从前悬架横梁分总成上拆下2个螺栓、螺母和左前悬架1号下臂分总成,如图10-23所示。

注意:因为螺母有其自己的挡块,所以不要转动螺母。松开螺栓时要把螺母固定住。

④拆卸右前悬架1号下臂分总成。

(4)安装前悬架下臂(手动传动桥)。

①暂时安装右前悬架1号下臂分总成。

②暂时安装左前悬架1号下臂分总成。

用2个螺栓和螺母,将左前悬架1号下臂分总成暂时安装到前悬架横梁分总成上。

注意:因为螺母有其自己的挡块,所以不要转动螺母。紧固螺栓时要把螺母固定住。

③连接左前悬架1号下臂分总成。

④安装前轮。

⑤稳定悬架。

⑥完全紧固左前悬架1号下臂分总成。

a.用SST(SST 09961-01270)完全紧固螺栓A,如图10-24所示。

力矩:不使用SST力矩为233N·m。

使用SST扭力扳手的读数为158N·m。

b.完全紧固螺栓B。

力矩:214N·m。

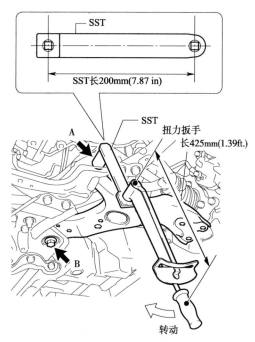

图10-24 紧固螺栓示意图

注意：因为螺母有其自己的挡块，所以不要转动螺母。紧固螺栓时要把螺母固定住。

⑦检查并调节前轮定位。

(5) 拆卸前下球节。

①拆卸前桥总成。

②拆卸前下球节总成。

a. 使用铝板将前桥总成固定在台虎钳上。

注意：不要过度紧固台虎钳。

b. TFTM 制造：拆下卡子和螺母，如图 10-25 所示。

c. GTMC 制造：拆下开口销和螺母，如图 10-26 所示。

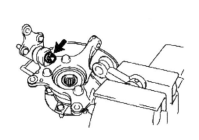

图 10-25 拆下卡子和螺母

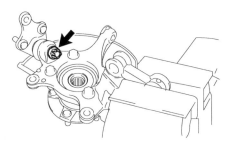

图 10-26 拆下开口销和螺母

d. 如图 10-27 所示，将 SST 安装到前下球节总成上。SST09960-20010（09961-02050，09961-02050）。

注意：检查并确认 SST 和前桥总成之间的间隙测量值为 1mm(0.0394in)。

e. 如图 10-28 所示，使用 SST 09960-20010（09961-02010，09961-02050，09961-02050）从前桥总成上拆下前下球节总成。

注意：在 SST 螺栓螺纹和端部涂抹含钼润滑脂。

- 用中心螺母安装 SST，使图 10-28 中所示的 A 和 B 平行。否则，前下球节防尘罩可能损坏。
- 务必按图 10-28 所示放置扳手。
- 不要损坏前下球节防尘罩。
- 不要损坏转向节。
- 不要损坏前盘式制动器防尘罩。

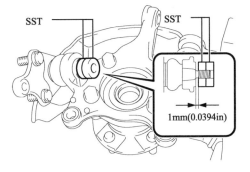

图 10-27 安装 SST

(6) 安装前下球节。

①安装前下球节总成。

a. 使用铝板将前桥总成固定在台虎钳上。

注意：不要过度紧固台虎钳。

b. 用螺母将前下球节总成安装到前桥总成上。

力矩：133N·m。

注意：不要在球头销锥面和螺纹上涂抹润滑脂。

c. TFTM 制造：安装新卡子。

注意：如果卡子孔没有对齐，则进一步紧固螺母，最多可紧固60°。

d. GTMC 制造：安装新开口销。

注意：如果开口销孔没有对齐，则进一步紧固螺母，最多可紧固60°。

②安装前桥总成。

(7)拆卸前稳定杆(手动传动桥)。

①拆卸前轮。

②拆卸发动机中央4号底罩。

③拆卸左前稳定杆连杆总成，如图10-29所示。拆下2个螺母和左前稳定杆连杆总成。

提示：如果球节随螺母一起转动，则使用6mm六角套筒扳手固定双头螺柱。

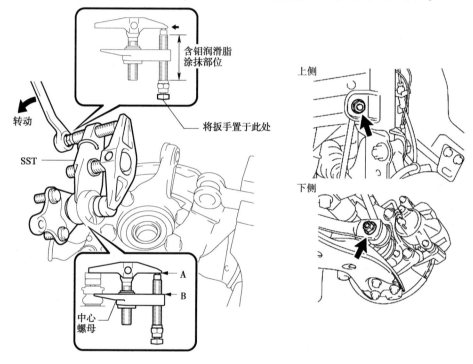

图10-28 拆下前下球节总成　　　图10-29 拆卸左前稳定杆连杆总成

④拆卸右前稳定杆连杆总成。

⑤分离左前悬架1号下臂分总成。

⑥拆卸左前悬架1号下臂分总成。

⑦拆卸左前悬架横梁前支架。从前悬架横梁分总成上拆下4个螺栓和左前悬架横梁前支架，如图10-30所示。

⑧拆卸右前悬架横梁前支架。

⑨拆卸前稳定杆。

从前悬架横梁分总成上拆下带2个前稳定杆衬套的前稳定杆，如图10-31所示。

⑩拆卸左前稳定杆衬套。从前稳定杆上拆下左前稳定杆衬套，如图10-32所示。

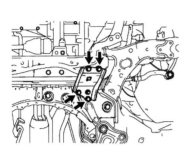
图10-30 拆卸左前悬架横梁前支架

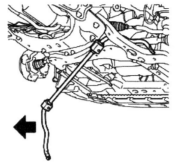
图10-31 拆卸前稳定杆

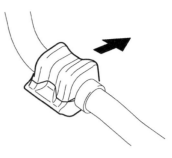
图10-32 拆卸左前稳定杆衬套

⑪拆卸右前稳定杆衬套。

(8)安装前稳定杆(手动传动桥)。

①安装左前稳定杆衬套。

a. TFTM制造：如图10-33所示，将左前稳定杆衬套安装到前稳定杆的挡块外侧。

注意：
- 安装左前稳定杆衬套,使防尘唇口朝外。
- 安装左前稳定杆衬套,使切口朝向车辆后部。

b. GTMC制造：如图10-34所示,将左前稳定杆衬套安装到前稳定杆的挡块外侧。

注意：
- 安装左前稳定杆衬套,使防尘唇口朝外。
- 安装左前稳定杆衬套,使切口朝向车辆后部。

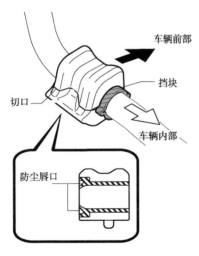
图10-33 安装左前稳定杆衬套1

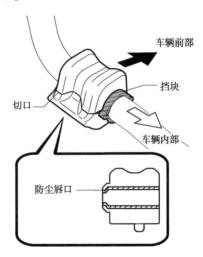
图10-34 安装左前稳定杆衬套2

②安装右前稳定杆衬套。

③安装前稳定杆。将前稳定杆安装至前悬架横梁分总成,使识别标记位于车辆右侧,如图10-35所示。

④安装左前悬架横梁前支架。用4个螺栓将左前悬架横梁前支架安装到前悬架横梁分总成上,如图10-36所示。

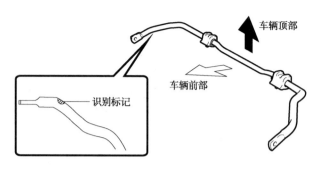

图 10-35　安装前稳定杆

力矩:87N·m。

注意:

a. 暂时紧固螺栓 A,然后按 B、C、D 和 A 的顺序完全紧固这 4 个螺栓。

b. 安装左前悬架横梁前支架后,确保露出左前稳定杆衬套的凸出部分。

⑤安装右前悬架横梁前支架。用 4 个螺栓将右前悬架横梁前支架安装到前悬架横梁分总成上,如图 10-37 所示。

力矩:87N·m。

注意:

a. 暂时紧固螺栓 A,然后按 B、C、D 和 A 的顺序完全紧固这 4 个螺栓。

b. 安装右前悬架横梁前支架后,确保露出右前稳定杆衬套的凸出部分。

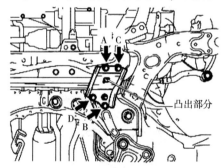 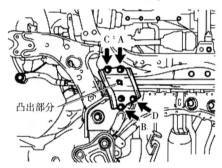

图 10-36　安装左前悬架横梁前支架　　　图 10-37　安装右前悬架横梁前支架

⑥暂时安装左前悬架 1 号下臂分总成。

⑦连接左前悬架 1 号下臂分总成。

⑧安装左前稳定杆连杆总成。用 2 个螺母安装左前稳定杆连杆总成。

力矩:74N·m。

提示: 如果球节随螺母一起转动,则使用 6 mm 六角套筒扳手固定双头螺柱。

⑨安装右前稳定杆连杆总成。

⑩安装前轮。

⑪稳定悬架。

⑫完全紧固左前悬架 1 号下臂分总成。

⑬安装发动机中央 4 号底罩。

⑭检查并调节前轮定位。

(9) 拆卸前悬架横梁。

①使前轮朝向正前方。

②固定方向。

③拆卸转向柱孔盖消声板。

④分离2号转向中间轴总成。

⑤分离转向柱1号孔盖分总成。

⑥拆卸前轮。

⑦拆卸前保险杠下减振器。

⑧拆卸发动机1号底罩。

⑨拆卸发动机中央4号底罩。

⑩拆卸发动机后部左侧底罩。

⑪拆卸发动机后部右侧底罩。

⑫分离左前稳定杆连杆总成。拆下螺母并从前稳定杆上分离左前稳定杆连杆总成，如图10-38所示。

提示：如果球节随螺母一起转动，则使用6 mm六角套筒扳手固定双头螺柱。

⑬分离右前稳定杆连杆总成。

⑭分离左侧横拉杆接头分总成。

⑮分离右侧横拉杆接头分总成。

⑯分离左前悬架1号下臂分总成。

⑰分离右前悬架1号下臂分总成。

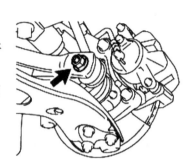

图10-38 分离左前稳定杆连杆总成

⑱拆卸发动机前悬置支架下加强件。拆下2个螺栓和发动机前悬置支架下加强件，如图10-39所示。

⑲拆卸左前悬架横梁加强件。拆下4个螺栓和左前悬架横梁加强件，如图10-40所示。

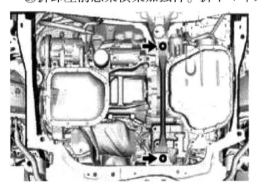

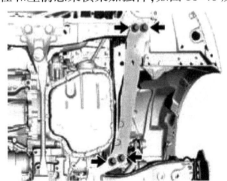

图10-39 拆卸发动机前悬置支架下加强件　　图10-40 拆卸左前悬架横梁加强件

⑳拆卸右前悬架横梁加强件。

㉑拆卸左前悬架横梁后支架。拆下3个螺栓和左前悬架横梁后支架，如图10-41所示。

㉒拆卸右前悬架横梁后支架。

㉓拆卸前悬架横梁分总成。

a. 从前悬架横梁分总成上拆下2个螺栓和2个线束卡夹支架，如图10-42所示。

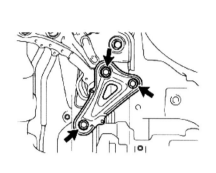

图10-41 拆卸左前悬架横梁后支架

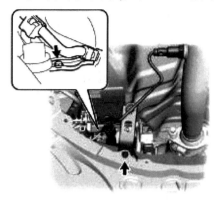

图10-42 拆下螺栓和线束卡夹支架

b. 拆下2个螺栓和2个螺母，并从前悬架横梁分总成上分离发动机后悬置隔振垫，如图10-43所示。

c. 如图10-44所示，使用发动机升降机和4个附加支撑块或同等工具支撑前悬架横梁分总成。

注意：
- 前悬架横梁分总成属于重型零部件，确保将其牢固支撑。
- 确保固定前悬架横梁分总成，以防掉落。

提示： 使用附加支撑块，使前悬架横梁分总成保持水平。

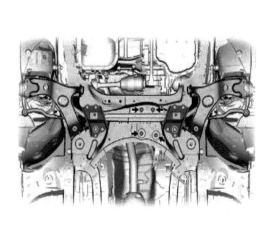

图10-43 分离发动机后悬置隔振垫

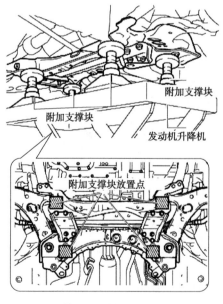

图10-44 使用工具支撑前悬架横梁分总成

d. 拆下2个螺栓和前悬架横梁分总成。

e. 缓慢降下前悬架横梁分总成。

注意： 降下前悬架横梁分总成时，小心不要损坏车身或安装至车辆的其他零部件。

㉔拆卸前横梁分总成。

a. 使用千斤顶和木块，支撑发动机和传动桥总成，如图 10-45 所示。

b. 拆下 2 个螺栓并从前横梁分总成上分离发动机前悬置隔振垫，如图 10-46 所示。

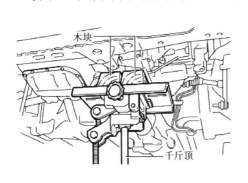

图 10-45　千斤顶、木块操作示意图

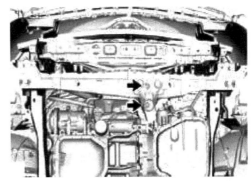

图 10-46　拆下螺栓示意图

c. 拆下 4 个螺栓和前横梁分总成，如图 10-47 所示。

㉕拆卸转向拉杆总成。

㉖拆卸左前悬架 1 号下臂分总成。从前悬架横梁分总成上拆下 2 个螺栓、螺母和左前悬架 1 号下臂分总成，如图 10-48 所示。

注意：因为螺母有其自己的挡块，所以不要转动螺母。松开螺栓时要把螺母固定住。

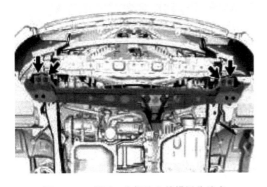

图 10-47　拆下 4 个螺栓和前横梁分总成

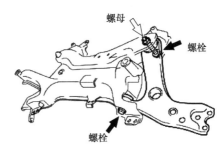

图 10-48　拆卸左前悬架 1 号下臂分总成

㉗拆卸右前悬架 1 号下臂分总成。

㉘拆卸左前悬架横梁前支架。

㉙拆卸右前悬架横梁前支架。

㉚拆卸前稳定杆。从前悬架横梁分总成上拆下带 2 个前稳定杆衬套的前稳定杆。

(10) 安装前悬架横梁。

①安装前稳定杆。

②安装左前悬架横梁前支架。

③安装右前悬架横梁前支架。

④暂时安装左前悬架 1 号下臂分总成。用 2 个螺栓和螺母，将左前悬架 1 号下臂分总成暂时安装到前悬架横梁分总成上。

注意:因为螺母有其自己的挡块,所以不要转动螺母。紧固螺栓时要把螺母固定住。

⑤暂时安装右前悬架1号下臂分总成。

⑥安装转向拉杆总成。

⑦安装前横梁分总成。

a.使用千斤顶和木块,支撑发动机和传动桥总成。

b.用4个螺栓安装前横梁分总成。

力矩:96N·m。

c.用2个螺栓将发动机前悬置隔振垫连接到前横梁分总成。

力矩:95N·m。

⑧安装前悬架横梁分总成。

a.用发动机升降机和4个附加支撑块或同等工具缓慢顶起前悬架横梁分总成。

注意:
- 前悬架横梁分总成属于重型零部件,确保将其牢固支撑。
- 确保固定前悬架横梁分总成,以防掉落。

提示:使用附加支撑块,使前悬架横梁分总成保持水平。

b.将SST交替插入前悬架横梁分总成的左右两侧基准孔时,均匀紧固2个螺栓。

力矩:137N·m。

c.降下发动机升降机。

d.用2个螺栓和2个螺母将发动机后悬置隔振垫连接到前悬架横梁分总成。

力矩:95N·m。

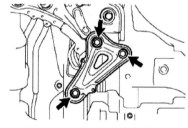

图10-49 安装左前悬架横梁后支架

e.用2个螺栓将2个线束卡夹支架安装至前悬架横梁分总成。

力矩:12.5N·m。

⑨安装左前悬架横梁后支架。用3个螺栓安装左前悬架横梁后支架,如图10-49所示。

力矩:螺栓A为137N·m;螺栓B为93N·m。

⑩安装右前悬架横梁后支架。

⑪安装左前悬架横梁加强件。用4个螺栓安装左前悬架横梁加强件,如图10-50所示。

力矩:96N·m。

注意:暂时紧固螺栓A和螺栓B,然后按C、B、D和A的顺序完全紧固这4个螺栓。

⑫安装右前悬架横梁加强件。用4个螺栓安装右前悬架横梁加强件,如图10-51所示。

力矩:96N·m。

注意:暂时紧固螺栓A和螺栓B,然后按C、B、D和A的顺序完全紧固这4个螺栓。

⑬安装发动机前悬置支架下加强件。用2个螺栓安装发动机前悬置支架下加强件。

力矩:96N·m。

⑭连接左前悬架1号下臂分总成。

⑮连接右前悬架1号下臂分总成。

⑯连接左侧横拉杆接头分总成。

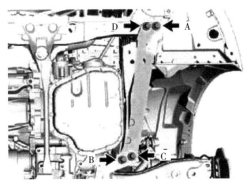 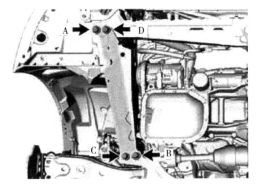

图 10-50　安装左前悬架横梁加强件　　　　图 10-51　安装右前悬架横梁加强件

⑰连接右侧横拉杆接头分总成。

⑱安装左前稳定杆连杆总成。用螺母将左前稳定杆连杆总成安装至前稳定杆。力矩:74N·m。

提示:如果球节随螺母一起转动,则使用 6 mm 六角套筒扳手固定双头螺柱。

⑲安装右前稳定杆连杆总成。

⑳连接转向柱 1 号孔盖分总成。

㉑连接 2 号转向中间轴总成。

㉒安装转向柱孔盖消声板。

㉓安装前轮。

㉔稳定悬架。

㉕完全紧固左前悬架 1 号下臂分总成。

㉖完全紧固右前悬架 1 号下臂分总成。

㉗安装发动机后部左侧底罩。

㉘安装发动机后部右侧底罩。

㉙安装发动机中央 4 号底罩。

㉚安装发动机 1 号底罩。

㉛安装前保险杠下减振器。

㉜检查并调节前轮定位。

(11)拆卸后减振器。

①拆卸后轮。

②拆卸行李舱装饰罩总成。

③拆卸后减振器缓冲垫挡片。

a.用千斤顶和木块支撑后桥横梁总成的弹簧座,如图 10-52 所示。

注意:不要顶起后桥横梁总成过高,否则车辆可能掉落。

- 顶起时,务必缓慢顶起后桥横梁总成。
- 确保在保持车辆尽可能低的情况下执行此操作。
- 使用千斤顶支撑后桥横梁总成,直至后减振器总成安装完成。

b. 使用6mm六角套筒扳手固定后减振器总成杆,并使用扳手拆下螺母,如图10-53所示。

注意:将6mm六角套筒扳手牢固插入后减振器总成杆,以防在拆下螺母时损坏后减振器总成。

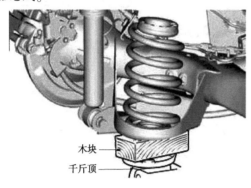
图10-52 支撑弹簧座示意图

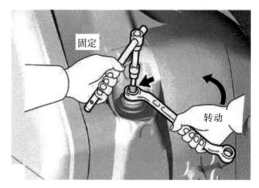
图10-53 拆下螺母示意图

c. 从后减振器总成上拆下后减振器缓冲垫挡片,如图10-54所示。

④拆卸后悬架支座。从后减振器总成上拆下后悬架支座。

⑤拆卸后减振器总成。压缩后减振器总成的同时,拆下螺栓、螺母和带后1号弹簧缓冲块的后减振器总成,如图10-55所示。

注意:因为螺母有其自己的挡块,所以不要转动螺母。松开螺栓时要把螺母固定住。

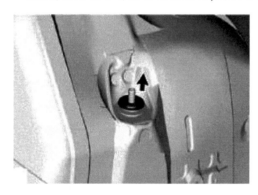
图10-54 拆下后减振器缓冲垫挡片

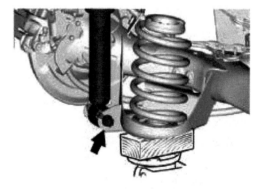
图10-55 拆卸后减振器总成

⑥拆卸后1号弹簧缓冲块。从后减振器总成上拆下后1号弹簧缓冲块,如图10-56所示。

(12)安装后减振器。

①安装后1号弹簧缓冲块。将后1号弹簧缓冲块安装到后减振器总成上。

②暂时安装后减振器总成。

a. 将带后1号弹簧缓冲块的后减振器总成的上端插入车身。

b. 用螺栓和螺母将后减振器总成暂时紧固至后桥横梁总成。

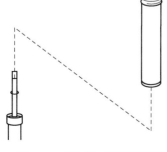
图10-56 拆卸后1号弹簧缓冲块

注意:因为螺母有其自己的挡块,所以不要转动螺母。紧固螺栓时要把螺母固定住。

提示：插入螺栓，并使螺纹端朝向车辆外部。

③安装后悬架支座。将后悬架支座安装到后减振器总成上。

注意：如图10-57所示，确保后悬架支座正确安装。

④安装后减振器缓冲垫挡片。

a. 将后减振器缓冲垫挡片安装到后减振器总成上，如图10-58所示。

注意：确保按正确方向安装后减振器缓冲垫挡片。

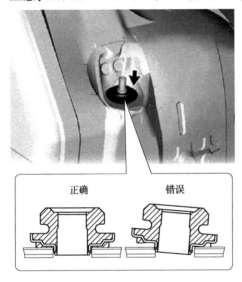

图10-57　安装后悬架支座　　　图10-58　安装后减振器缓冲垫挡片

b. 将新螺母暂时紧固至后减振器总成。

c. 用6 mm六角套筒扳手固定后减振器总成杆的同时，用连接螺母扳手完全紧固螺母。

力矩：25N·m。

注意：
- 将6mm六角套筒扳手牢固插入后减振器总成杆，以防在紧固螺母时损坏后减振器总成。
- 利用公式计算连接螺母扳手和扭力扳手配合使用时的特定力矩值。

⑤安装行李舱装饰罩总成。

⑥安装后轮。

⑦稳定悬架。

a. 降下车辆。

b. 上下弹动车辆数次，以使悬架稳定。

⑧安装后减振器总成。用螺栓安装后减振器总成。

力矩：90N·m。

注意：因为螺母有其自己的挡块，所以不要转动螺母。紧固螺栓时要把螺母固定住。

⑨检查后轮定位。

(13) 拆卸后螺旋弹簧。

①拆卸后轮。

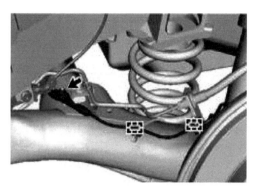

图 10-59 分离卡夹示意图

②分离左侧防滑控制传感器线束。

a. 断开左侧防滑控制传感器线束连接器。

b. 拆下螺母并分离 2 个卡夹,以分离左侧防滑控制传感器线束,如图 10-59 所示。

③分离右侧防滑控制传感器线束。

④拆卸后螺旋弹簧。

a. 松开 2 个螺栓,如图 10-60 所示。

注意:不要拆下螺栓。

b. 用 2 个千斤顶和 2 个木块支撑后桥横梁总成的弹簧座。

注意:不要顶起后桥横梁总成过高,否则车辆可能掉落。

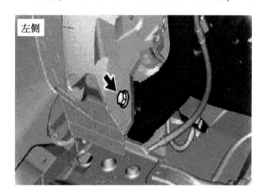
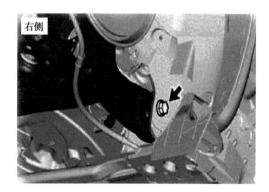

图 10-60 松开螺栓示意图

c. 固定 2 个螺母的同时,拆下 2 个螺栓并从左后和右后减振器总成上分离后桥横梁总成。

注意:因为螺母有其自己的挡块,所以不要转动螺母。松开螺栓时要把螺母固定住。

d. 用 2 个千斤顶和 2 个木块缓慢降下后桥横梁总成,并拆下后螺旋弹簧,如图 10-61 所示。

注意:将后桥横梁总成移至完全回弹位置之外时,确保后桥横梁总成在标准位置的 35°范围之内。

e. 用 2 个千斤顶和 2 个木块缓慢顶起后桥横梁总成,并用 2 个螺栓和 2 个螺母将后桥横梁总成暂时安装到左后和右后减振器总成上。

注意:因为螺母有其自己的挡块,所以不要转动螺母。紧固螺栓时要把螺母固定住。

⑤拆卸后螺旋弹簧上隔振垫。

⑥拆卸后螺旋弹簧下隔振垫。

(14)安装后螺旋弹簧。

①安装后螺旋弹簧上隔振垫。将后螺旋弹簧上隔振垫安装到后螺旋弹簧上。

注意:安装后螺旋弹簧上隔振垫,使挡块和后螺旋弹簧上端之间的尺寸为 10mm(0.394in)或更小,如图 10-62 所示。

②安装后螺旋弹簧下隔振垫。将后螺旋弹簧下隔振垫安装到后桥横梁总成上。

③安装后螺旋弹簧。

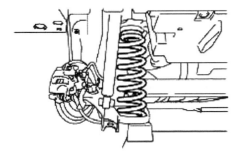

图10-61 拆下后螺旋弹簧

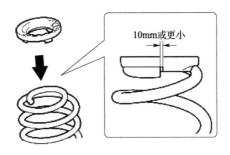

图10-62 挡块和后螺旋弹簧上端之间的尺寸

a. 用2个千斤顶和2个木块支撑后桥横梁总成的弹簧座。

b. 固定2个螺母的同时,拆下2个螺栓并从左后和右后减振器总成上分离后桥横梁总成。

注意:因为螺母有其自己的挡块,所以不要转动螺母。松开螺栓时要把螺母固定住。

c. 用2个千斤顶和2个木块缓慢降下后桥横梁总成。

d. 将后螺旋弹簧放置到后桥横梁总成上。

注意:放置后螺旋弹簧,使识别标记位于图10-63中所示位置。

e. 用2个千斤顶和2个木块缓慢顶起后桥横梁总成,并用2个螺栓和2个螺母暂时安装后桥横梁总成和后螺旋弹簧。

注意:因为螺母有其自己的挡块,所以不要转动螺母。紧固螺栓时要把螺母固定住。

④安装左侧防滑控制传感器线束。

a. 用螺母和2个卡夹将左侧防滑控制传感器线束安装到后桥横梁总成上。

力矩:8.5N·m。

注意:安装时,不要扭曲左侧防滑控制传感器线束。

b. 连接左侧防滑控制传感器线束连接器。

⑤安装右侧防滑控制传感器线束。

⑥安装后轮。

⑦稳定悬架。

⑧安装后桥横梁总成。

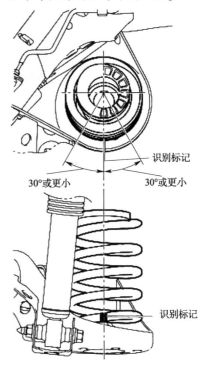

图10-63 识别标记示意图

a. 用2个螺栓安装后桥横梁总成,如图10-64所示。

力矩:135N·m。

b. 用2个螺栓将后桥横梁总成安装到左后和右后减振器总成上,如图10-65所示。

力矩:90N·m。

注意:因为螺母有其自己的挡块,所以不要转动螺母。紧固螺栓时要把螺母固定住。

⑨使前轮朝向正前方。

⑩检查后轮定位。

⑪检查转速传感器信号。

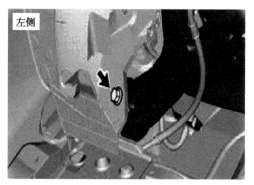 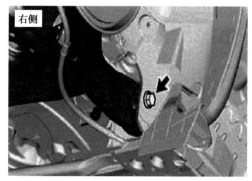

图 10-64 安装后桥横梁总成(一)

 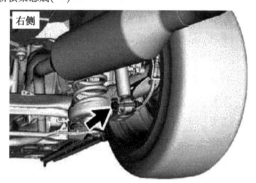

图 10-65 安装后桥横梁总成(二)

七 考核标准

考核标准见表 10-1。

考核标准表　　　　表 10-1

序号	考核项目	满分	评分标准	得分
1	作业前整理工位	5	酌情扣分	
2	工位停车	5	停车不当扣 5 分	
3	车辆可靠停靠	5	操作不当扣 5 分	
4	拆装前减振器	15	操作不当扣 10 分	
5	拆装后减振器	15	操作不当扣 10 分	
6	拆装后螺旋弹簧	10	操作不当扣 10 分	
7	拆装前稳定杆	10	操作不当扣 10 分	
8	拆装前下球节	10	操作不当扣 10 分	
9	拆装前悬架横梁	10	操作不当扣 10 分	
10	拆装前悬架下臂	10	操作不当扣 10 分	
11	作业后整理工位	5	酌情扣分	
12	遵守相关安全规范		因违规操作造成人员和设备事故的,总分按 0 分计	
	分数合计	100		

实训 11　制动系统的拆装

一　实训目标

(1) 掌握正确使用拆装工具的方法。
(2) 掌握正确拆装制动系统组件的方法。
(3) 熟悉制动系统的各零件的名称、位置、结构和作用。

二　实训内容

1. 制动系统的作用

制动系统是使汽车的行驶速度可以由驾驶员操纵降低的一系列专门装置。主要由供能装置、控制装置、传动装置和制动器 4 部分组成。制动系统的主要功用是使行驶中的汽车减速甚至停车、使下坡行驶的汽车速度保持稳定、使已停驶的汽车保持不动。

2. 制动系统的组成

图 11-1 所示为制动系统的主要组成部分。一套完整的制动系统包括：行车制动——可以降低汽车的行驶速度；驻车制动——使已停驻的汽车保持不动。现今许多新型汽车装备了防抱死系统，大部分汽车还装有牵引力控制系统。

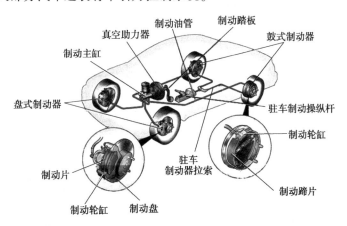

图 11-1　制动系统的主要组成部分示意图

3. 制动原理

如图 11-2 所示，制动踏板工作时带动制动助力器，助力器利用驾驶人输入的力促使推杆移动，移向制动主缸或离开制动主缸。制动主缸活塞通过压缩制动液将机械运动转换成液压运动，并通过制动管路将制动力传递到车轮制动部分。制动主缸和车轮之间的各种阀体控制流入车轮的制动液的压力和流量。阀体不能控制制动力,但可以将制动力分配到前轮和后轮。

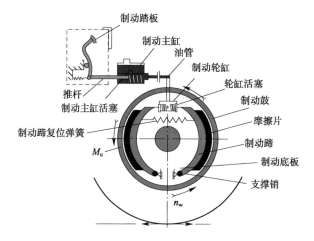

图 11-2　制动系统工作原理示意图

4. 制动器

制动器分为盘式制动器和鼓式制动器两种。

1) 盘式制动器

盘式制动器摩擦副中的旋转元件是以端面工作的金属圆盘,被称为制动盘。由制动盘和制动钳组成的制动器称为钳盘式制动器。汽车上使用的盘式制动器有两种:一种是定钳盘式制动器;另一种是浮动钳盘式制动器。根据现代汽车的使用要求,盘式制动器主要采用浮钳盘式制动器。

如图 11-3 所示为浮钳盘式制动器,它的旋转元件是制动盘,与车轮固装在一起旋转,以其端面为摩擦工作表面。其固定的摩擦元件是:摩擦块、制动钳支架和轮缸活塞,都装在跨越制动盘两侧的钳体上,总称制动钳。

2) 鼓式制动器

鼓式制动器是制动蹄片挤压随车轮同步旋转的制动鼓的内侧而获得制动力,所以又称为内部扩张双蹄鼓式制动器。鼓式制动器按其制动蹄促动装置形式的不同,可分为轮缸式车轮制动器和凸轮式车轮制动器。轮缸式制动器如图 11-4 所示。

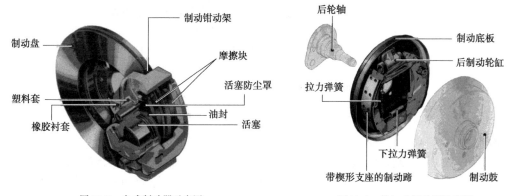

图 11-3　盘式制动器示意图　　　　图 11-4　轮缸式制动器示意图

5. 实训任务

按照维修手册的规范要求对汽车制动系统各个部件和总成进行拆装,通过拆装去观察和认识汽车制动系统的构成和基本工作原理。

三 实训器材

(1)举升工位4个。
(2)丰田卡罗拉轿车4辆。
(3)车辆防护三件套4套。
(4)常用汽车维修工具4套。

四 实训要求与注意事项

(1)在操作开始前,检查所有的设备并备齐工具。
(2)安装车轮挡块时,可以用举升机顶起部分车轮。
(3)三件套和翼子板布、前格栅布的安装方法要正确。
(4)实训过程要符合车辆维修的操作规程。

五 教学组织

1. 教学组织形式

本课程为"小班化"实训课,实训教师1名,学生24名,实训室共有4个实训工位,按照6人一个工位编组。

2. 实训教师职责

通过PPT课件展示、教学视频播放等教学手段,讲解实训任务的操作步骤和相关注意事项;组织学生进行分组;巡视、检查、指导和纠正学生操作中的错误;课堂总结;组织学生做好5S管理。

3. 学生职责

认真观看PPT课件和教学视频;完成教师布置的任务;做好课后的清洁、整理等5S管理工作。

六 操作步骤

(1)拆卸制动执行器。

注意:将点火开关置于OFF位置后,断开蓄电池负极(-)端子电缆前,可能需要等待一段时间。因此,继续工作前,确保阅读断开蓄电池负极(-)端子电缆的注意事项。

①断开蓄电池负极端子。

注意:断开并重新连接电缆后,某些系统需要初始化。

②排空制动液。

注意:如果制动液泄漏到任何油漆表面,应立即将其清洗干净。

③拆卸2号汽缸盖。

④拆卸带空气滤清器软管的空气滤清器盖。

⑤拆卸空气滤清器壳分总成。

⑥拆卸带支架的制动执行器。

a. 从 ECM 上断开连接器。

b. 分离卡爪,并举升锁杆,如图 11-5 所示。

c. 接合卡爪,并从制动执行器总成上断开连接器。

注意:小心不要让制动液流入连接器中。

d. 分离卡夹并从制动执行器支架总成上分离线束。

e. 使用标签或做好记录,以识别重新连接制动管路的位置,如图 11-6 所示。

f. 使用连接螺母扳手,从制动执行器总成上断开 6 根制动管路。

g. 分离各卡夹以从制动执行器支架总成上分离 2 号燃油管卡夹和前 4 号制动管,如图 11-7 所示。

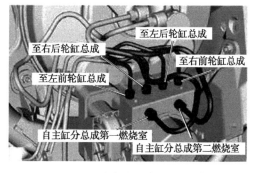

图 11-6　制动管路的位置示意图

图 11-5　分离卡爪示意图

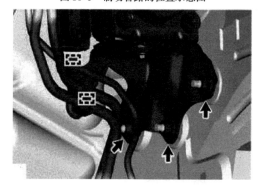

图 11-7　分离各卡夹示意图

注意:不要损坏制动管路或燃油管路。

h. 从车身上拆下 3 个螺母和带支架的制动执行器。

注意:不要损坏制动管路、燃油管路或线束。

⑦拆卸制动执行器总成。从制动执行器支架总成上拆下螺栓、2 个螺母和制动执行器总成,如图 11-8 所示。

(2) 安装制动执行器。

①安装制动执行器总成。用螺栓和 2 个新螺母将制动执行器总成安装到制动执行器支架总成上,如图 11-9 所示。

力矩:螺栓为5.4N·m;螺母为7.5N·m。
注意:
• 因为制动执行器总成加注有制动液,所以连接制动管路前不要拆下新制动执行器总成的孔塞。
• 不要用连接器固定制动执行器总成。
• 按图11-9中所示紧固螺栓和2个螺母。

图11-8 制动执行器总成示意图　　　图11-9 安装制动执行器总成示意图

②安装带支架的制动执行器,如图11-10所示。
a.用3个螺母将带支架的制动执行器安装到车身上。
力矩:19N·m。
注意:
• 不要损坏制动管路、燃油管路或线束。
• 按图11-10所示紧固3个螺母。
b.接合各卡夹以将2号燃油管卡夹和前4号制动管安装到制动执行器支架总成上。
注意:不要损坏制动管路或燃油管路。
c.如图11-11所示,将各制动管路暂时紧固到制动执行器总成的正确位置上。

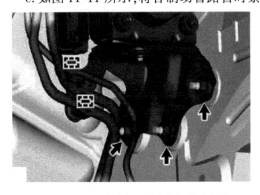 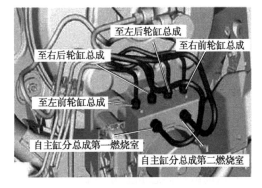

图11-10 安装带支架的制动执行器示意图　　　图11-11 紧固各制动管路示意图

d.使用连接螺母扳手完全紧固各制动管路。
注意:利用公式计算连接螺母板手和扭力板手配合使用时的特定力矩值。
e.接合卡夹以将线束安装到制动执行器支架总成上,如图11-12所示。

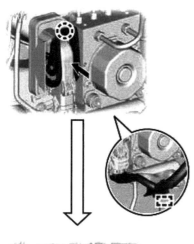

f. 将连接器连接到制动执行器总成上并分离卡爪 b。

g. 拉下杆并将卡爪 a 接合到连接器锁上。

注意：

- 确保连接器牢固锁止。
- 确保可以顺畅地连接执行器连接器。
- 不要让水、油或污物进入连接器中。

h. 将连接器连接到 ECM 上。

③安装空气滤清器壳分总成。

④安装带空气滤清器软管的空气滤清器盖。

⑤安装 2 号汽缸盖罩。

⑥连接蓄电池负极端子电缆。

注意： 断开并重新连接电缆后，某些系统需要初始化。

⑦对制动系统进行放气。

⑧使用 GTS 检查制动执行器。

⑨执行系统校准学习（带 VSC）。

⑩检查有无 DTC 并清除。

（3）拆卸前轮转速传感器。

图 11-12　安装线束示意图

注意： 将点火开关置于 OFF 位置后，断开蓄电池负极（－）端子电缆前，可能需要等待一段时间。因此，继续工作前，确保阅读断开蓄电池负极（－）端子电缆的注意事项。

①断开蓄电池负极端子电缆。

注意： 断开并重新连接电缆后，某些系统需要初始化。

②拆卸前轮。

③拆卸前翼子板内衬。拆下卡子并分离前翼子板内衬，如图 11-13 所示。

④拆卸前轮转速传感器。

a. 从车身上分离卡夹 A，如图 11-14 所示。

b. 从前轮转速传感器上断开连接器。

c. 从车身上分离卡夹 B。

d. 拆下螺栓 B 并从车身上分离 2 号传感器卡夹。

e. 拆下螺栓 A 并从前减振器总成上分离 1 号传感器卡夹。

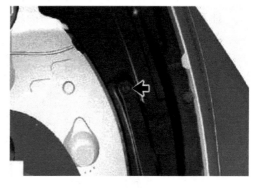

图 11-13　拆下卡子示意图

f. 从前减振器总成上分离卡夹 C。

g. 从转向节上拆下螺栓 C 和前轮转速传感器。

注意：

- 防止异物黏附在前轮转速传感器端部。
- 每次拆下前轮转速传感器时，清洁转速传感器安装孔和接触面。

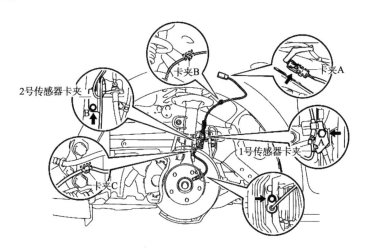

图11-14 分离卡夹示意图

（4）安装前轮转速传感器。

①安装前轮转速传感器。

a. 用螺栓C将前轮转速传感器安装到转向节上，如图11-15所示。

力矩：8.5N·m。

注意：
- 防止异物黏附在前轮转速传感器端部。
- 紧固螺栓前，将前轮转速传感器体牢固插入转向节内。
- 将前轮转速传感器安装到转向节后，确保前轮转速传感器支架和转向节之间没有间隙，同时确保没有异物卡在零件之间。

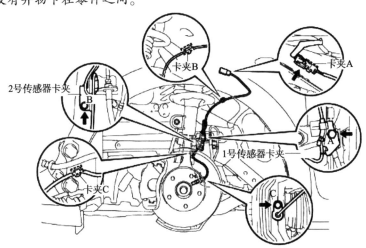

图11-15 安装前轮转速传感器示意图

b. 将卡夹C安装到前减振器总成上。

c. 用螺栓A将1号传感器卡夹和前挠性软管安装到前减振器总成上。

力矩：29N·m。

注意：
- 安装前轮转速传感器时，不要扭曲其线束。

● 螺栓 A 将前挠性软管支架和 1 号传感器卡夹紧固在一起。确保 1 号传感器卡夹定位于前挠性软管支架上方。

d. 用螺栓 B 将 2 号传感器卡夹安装到车身上。

力矩:8.5N·m。

注意:安装前轮转速传感器时,不要扭曲其线束。

e. 将卡夹 B 安装到车身上。

f. 将连接器连接到前轮转速传感器上。

g. 将卡夹 A 安装到车身上。

②安装前翼子板内衬。

③安装前轮。

④连接蓄电池负极端子电缆。

⑤检查转速传感器信号。

(5)拆卸后轮转速传感器。

注意:将点火开关置于 OFF 位置后,断开蓄电池负极(-)端子电缆前,可能需要等待一段时间。因此,继续工作前,确保阅读断开蓄电池负极(-)端子电缆的注意事项。

①断开蓄电池负极端子电缆。

注意:断开并重新连接电缆后,某些系统需要初始化。

②拆卸后轮。

③拆卸地板控制台上面板分总成。

④松开线束调节螺母。

⑤分离驻车制动器拉索总成。

⑥分离后盘式制动器制动钳总成。

⑦拆卸后制动盘。

⑧断开防滑控制传感器线束(图 11-16)。用螺丝刀从后轮转速传感器上断开连接器。

注意:小心不要损坏后轮转速传感器。

⑨拆卸后桥轮毂和轴承总成。

提示:

a. 如果需要更换后轮转速传感器转子,则更换后桥轮毂和轴承总成。

b. 后轮转速传感器是后桥轮毂和轴承总成的一个零部件。如果后轮转速传感器有故障,则更换后桥轮毂和轴承总成。

(6)安装后轮转速传感器。

①安装后桥轮毂和轴承总成。

提示:

a. 如果需要更换后轮转速传感器转子,则更换后桥轮毂和轴承总成。

b. 后轮转速传感器是后桥轮毂和轴承总成的一个零部件。如果传感器有故障,则更换后桥轮毂和轴承总成。

②检查后桥轮毂轴承松弛度。

③检查后桥轮毂轴向圆跳动。

④连接防滑控制传感器线束。将连接器连接到后轮转速传感器上。

⑤安装后制动盘。

⑥安装后盘式制动器制动钳总成。

⑦连接驻车制动器拉索总成。

⑧调节驻车制动器。

⑨安装地板控制台上面板分总成。

⑩安装后轮。

⑪连接蓄电池负极端子电缆。

注意：断开并重新连接电缆后，某些系统需要初始化。

⑫检查转速传感器信号。

(7) 拆卸制动踏板。

①拆卸组合仪表总成。

②拆卸仪表板底罩分总成。

③拆卸制动灯开关总成。

④拆卸制动灯开关座调节器。

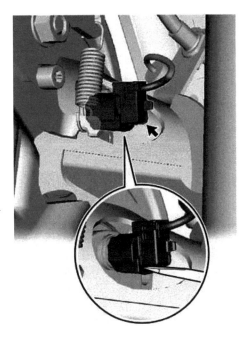

图 11-16　断开防滑控制传感器线束

⑤拆卸制动踏板复位弹簧。从制动踏板支架总成和推杆销上拆下制动踏板复位弹簧，如图 11-17 所示。

⑥拆卸推杆销。

a. 拆下卡子和推杆销，如图 11-18 所示。

b. 从制动踏板支架总成上分离制动主缸推杆 U 形夹。

图 11-17　拆下制动踏板复位弹簧

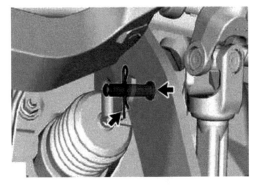

图 11-18　拆下卡子和推杆销

⑦拆卸制动踏板支架总成。

a. 分离卡爪并从驾驶人侧接线盒总成上滑下线束保护装置，如图 11-19 所示。

b. 从主车身 ECU 上断开连接器并分离线束保护装置。

c. 拆下螺栓并从仪表板加强件总成上分离制动踏板支架总成，如图 11-20 所示。

d. 分离 2 个卡夹以从制动踏板支架总成上分离线束，如图 11-21 所示。

e. 拆下 4 个螺母和制动踏板支架总成，如图 11-22 所示。

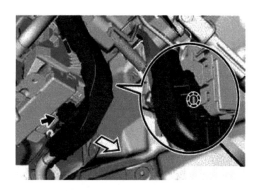
图 11-19　分离卡爪

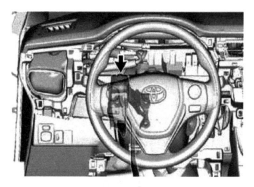
图 11-20　分离制动踏板支架总成

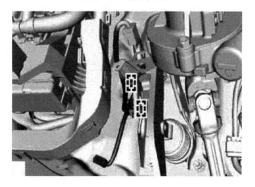
图 11-21　分离 2 个卡夹

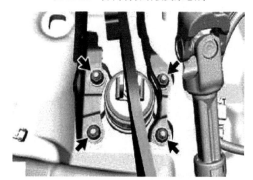
图 11-22　拆下螺母

f. 从制动踏板支架总成上拆下螺母，如图 11-23 所示。

⑧拆卸制动踏板垫。

（8）安装制动踏板。

①安装制动踏板垫。将制动踏板垫安装到制动踏板支架总成上。

②安装制动踏板支架总成。

a. 将螺母安装到制动踏板支架总成上。

b. 用 4 个螺母安装制动踏板支架总成。

力矩：12.7N·m。

注意：按图 11-24 所示紧固 4 个螺母。

图 11-23　拆下螺母

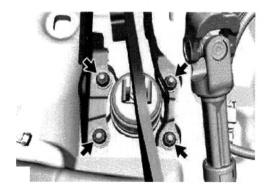
图 11-24　紧固螺母

c. 接合 2 个卡夹以将线束安装到制动踏板支架总成上。

d. 用螺栓将制动踏板支架总成安装到仪表板加强件总成上。

力矩:23.6N·m。

e. 将连接器连接到主车身 ECU 上,如图 11-25 所示。

f. 接合卡爪以将线束保护装置安装到驾驶人侧接线盒总成上。

③安装推杆销。

a. 在推杆销和制动踏板支架总成的安装孔上涂抹锂皂基乙二醇润滑脂,如图 11-26 所示。

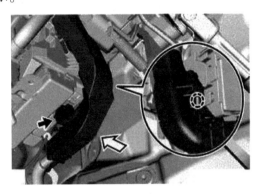

图 11-25　连接连接器　　　　图 11-26　安装推杆销

b. 如图 11-27 所示,用推杆销将制动主缸推杆 U 形夹连接到制动踏板支架总成上,并安装新卡子。

注意:按正确方向安装推杆销。

④安装制动踏板复位弹簧。

⑤安装制动灯开关座调节器。

⑥安装制动灯开关总成。

⑦安装仪表板底罩分总成。

⑧安装组合仪表总成。

⑨检查并调节制动踏板。

(9)拆卸制动主缸。

注意:从制动助力器总成上拆下制动主缸前,确保释放制动助力器总成内的真空。

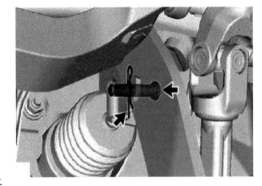

图 11-27　安装制动主缸推杆 U 形夹

①拆卸风窗玻璃刮水器电动机及连杆总成。

②拆卸左侧防水片。分离卡夹并拆下左侧防水片,如图 11-28 所示。

③拆卸加热器风管挡泥板密封,如图 11-29 所示。

④拆卸前围上外板。拆下 11 个螺栓和前围上外板,如图 11-30 所示。

⑤拆卸汽缸盖罩。

⑥拆卸带空气滤清器软管的空气滤清器盖。

⑦拆卸空气滤清器壳分总成。

⑧排空制动液。

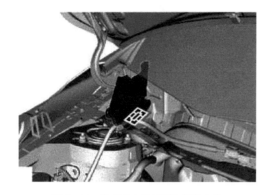
图 11-28　分离卡夹并拆下左侧防水片

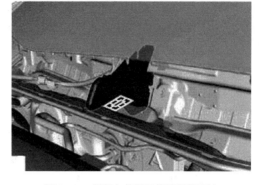
图 11-29　拆卸加热器风管挡泥板密封

⑨断开离合器储液罐管(手动传动桥)。滑动卡子并从制动主缸上断开离合器储液罐管。

⑩拆卸制动主缸。

a. 分离 3 个卡夹并断开储液罐液位开关连接器,如图 11-31 所示。

b. 使用连接螺母扳手,从制动主缸上断开 2 个制动管路,如图 11-32 所示。

注意:
- 不要损坏制动管路或使其变形。
- 不要让任何异物(如污物或灰尘)从连接部位进入制动管路。

c. 从制动助力器总成上拆下 2 个螺母、线束卡夹支架和制动主缸。

d. 从制动主缸上拆下制动主缸 O 形圈。

(10)安装制动主缸。

①检查并调节制动助力器推杆。

图 11-30　拆下螺栓和前围上外板

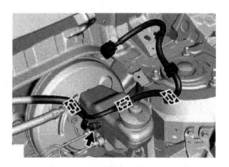
图 11-31　断开储液罐液位开关连接器

图 11-32　断开制动管路

②安装制动主缸。

注意:安装新制动主缸时,拆下主缸活塞和放气口护罩。

a. 将新制动主缸 O 形圈安装到制动主缸上。

b. 用 2 个螺母将制动主缸和线束卡夹支架安装到制动助力器总成上。

力矩:12.5N·m。

c. 使用连接螺母扳手,将 2 个制动管路连接到制动主缸上。

力矩:不带 VSC 为 15.2N·m;带 VSC 为 19.5N·m。

注意:
- 不要扭曲或损坏制动管路。
- 不要让任何异物(如污物或灰尘)从连接部位进入制动管路。
- 利用公式计算连接螺母扳手和扭力扳手配合使用时的特定力矩值。

d. 连接储液罐液位开关连接器并接合 3 个卡夹。

③连接离合器储液罐管(手动传动桥)。将离合器储液罐管连接到制动主缸上,并滑动卡子以将其固定。

④对制动系统进行放气。

⑤对离合器管路进行放气(手动传动桥)。

⑥安装空气滤清器壳分总成。

⑦安装带空气滤清器软管的空气滤清器。

⑧安装 2 号汽缸盖。

⑨安装前围上外板。用 11 个螺栓安装前围上外板。

力矩:12N·m。

⑩安装加热器 2 号风管挡泥板密封。接合卡夹以安装加热器 2 号风管挡泥板密封。

⑪安装左侧防水片。接合卡夹以安装左侧防水片。

⑫安装风窗玻璃刮水器电动机及连杆总成。

(11)拆卸制动助力器。

注意:从制动助力器总成上拆下制动主缸前,确保释放制动助力器总成内的真空。

①拆卸制动主缸。

②拆卸制动执行器总成。

③拆卸仪表板 1 号底罩分总成。

④拆卸制动踏板复位弹簧。

⑤松开锁紧螺母。松开制动主缸推杆 U 形夹的锁紧螺母,如图 11-33 所示。

⑥拆卸推杆销。

⑦断开止回阀至连接管软管。

1ZR – FE CVT 和 4ZR – FE CVT:滑动 2 个卡子,并从制动助力器总成上断开 2 个止回阀至连接管软管,如图 11-34 所示。

除 1ZR – FE CVT 和 4ZR – FE CVT 外:滑动

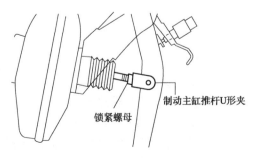

图 11-33 松开锁紧螺母示意图

卡子，并从制动助力器总成上断开止回阀至连接管软管，如图 11-34 所示。

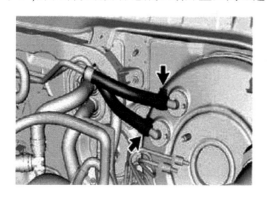 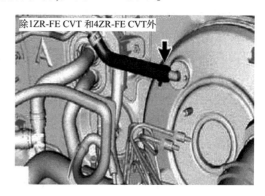

图 11-34　断开止回阀至连接管软管

⑧拆卸 3 号制动管卡夹。分离卡夹以拆下 3 号制动管卡夹，如图 11-35 所示。

⑨分离前制动管 1 号通路。拆下螺栓并从车身分离前制动管 1 号通路，如图 11-36 所示。

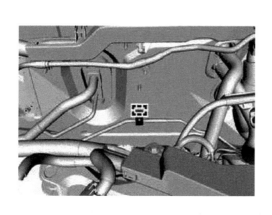 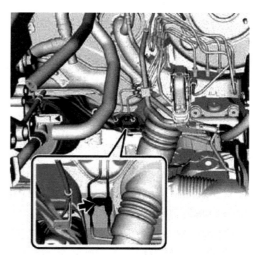

图 11-35　分离卡夹　　　　　　　图 11-36　分离前制动管 1 号通路

⑩拆卸制动助力器总成。

a. 拆下 4 个螺母并将制动助力器总成推向发动机舱，如图 11-37 所示。

注意：不要向制动管路施加过大的力。

b. 从制动助力器总成上拆下制动主缸推杆 U 形夹和锁紧螺母。

c. 从车身上拆下制动助力器总成。

注意：不要向制动管路或制冷剂管路施加过大的力。

⑪拆卸制动助力器衬垫。

(12) 安装制动助力器。

①安装制动助力器衬垫。将新制动助力器衬垫安装到制动助力器总成上。

②安装制动助力器总成。

a. 暂时将制动助力器总成安装到车身上。

注意：不要向制动管路或制冷剂管路施加过大的力。

b. 暂时将锁紧螺母和制动主缸推杆U形夹安装到制动助力器总成上。

注意：调节制动踏板高度时，完全紧固锁紧螺母。

c. 安装4个螺母以固定制动助力器总成。

力矩：12.7N·m。

注意：按如图11-38所示紧固4个螺母。

③安装前制动管1号通路。用螺栓将前制动管1号通路安装到车身上。

力矩：7.0N·m。

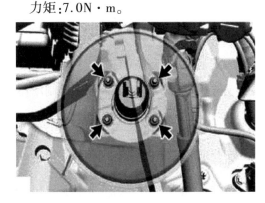
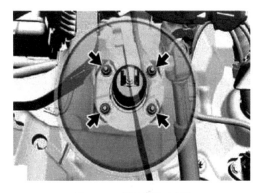

图11-37　拆下螺母示意图　　　　图11-38　紧固螺母示意图

④安装3号制动管卡夹。

⑤连接止回阀至连接管软管。

a. 1ZR – FE CVT 和 4ZR – FE CVT：将2个止回阀至连接管软管连接到制动助力器总成上并滑动2个卡子以将其固定。

b. 除1ZR – FE CVT 和 4ZR – FE CVT 外：将止回阀至连接管软管连接到制动助力器总成上并滑动卡子以将其固定。

⑥安装推杆销。

⑦安装制动踏板复位弹簧。

⑧安装仪表板1号底罩分总成。

⑨安装制动执行器总成。

⑩安装制动主缸。

⑪检查并调节制动踏板。

（13）拆卸前轮制动器。

①拆卸前轮。

②排空制动液。

注意：如果制动液泄漏到任何油漆表面上，应立即将其清洗干净。

③断开前挠性软管。拆下接头螺栓和衬垫，并从前盘式制动器制动缸总成上断开前挠性软管，如图11-39所示。

④拆卸前盘式制动器制动缸总成。固定2个前盘式制动器制动缸滑销，并拆下2个螺

栓和前盘式制动器制动缸总成,如图11-40所示。

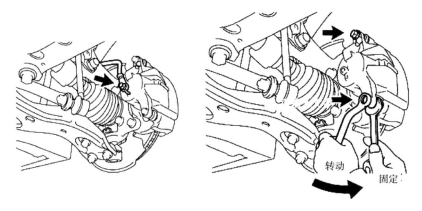

图11-39　断开前挠性软管意图　　图11-40　拆卸前盘式制动器制动缸

⑤拆卸前盘式制动器衬块。从前盘式制动器制动缸固定架上拆下2个前盘式制动器衬块,如图11-41所示。

⑥拆卸前消声垫片。

a. 从各前盘式制动器衬块上拆下前1号消声垫片和前2号消声垫片,如图11-42所示。

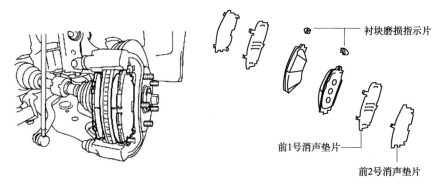

图11-41　拆卸前盘式制动器衬块　　图11-42　拆下1和2号消声垫片

b. 从各前盘式制动器衬块上拆下衬块磨损指示片。

⑦拆卸前盘式制动器衬块支撑板。从前盘式制动器制动缸固定架上拆下4个前盘式制动器衬块支撑板,如图11-43所示。

注意:各前盘式制动器衬块支撑板的形状均不相同。确保在各前盘式制动器衬块支撑板上做识别标记,以便将其重新安装到原位。

⑧拆卸前盘式制动器制动缸1号滑销。从前盘式制动器制动缸固定架上拆下前盘式制动器制动缸1号滑销,如图11-44所示。

⑨拆卸前盘式制动器制动缸2号滑销。从前盘式制动器制动缸固定架上拆下前盘式制动器制动缸2号滑销,如图11-45所示。

使用头部缠有保护胶带的螺丝刀,从前盘式制动器制动缸2号滑销上拆下前盘式制动器制动缸滑套,如图11-46所示。

注意:不要损坏前盘式制动器制动缸2号滑销。

⑩拆卸前盘式制动器衬套防尘罩。从前盘式制动器制动缸固定架上拆下2个前盘式制动器衬套防尘罩,如图11-47所示。

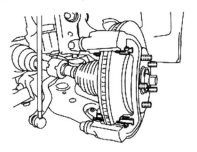
图11-43 拆卸前盘式制动器衬块支撑板

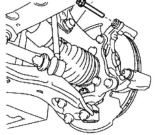
图11-44 拆卸1号滑销

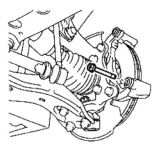
图11-45 拆卸2号滑销

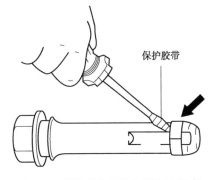
图11-46 拆卸前盘式制动器制动缸滑套

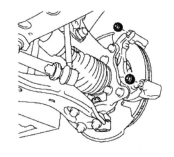
图11-47 拆卸前盘式制动器衬套防尘罩

⑪拆卸前盘式制动器制动缸固定架。从转向节上拆下2个螺栓和前盘式制动器制动缸固定架,如图11-48所示。

⑫拆卸前制动盘。

a. 在前制动盘和前桥轮毂分总成上做装配标记,如图11-49所示。

b. 拆下前制动盘。

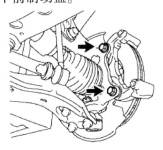
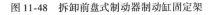
图11-48 拆卸前盘式制动器制动缸固定架

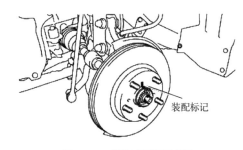
图11-49 做装配标记示意图

(14)安装前轮制动器。

①安装前制动盘。

对准前制动盘和前桥轮毂分总成上的装配标记,并安装前制动盘,如图11-50所示。

注意:用新的前制动盘更换时,选择前制动盘轴向圆跳动最小的位置进行安装。

②安装前盘式制动器制动缸固定架。用2个螺栓将前盘式制动器制动缸固定架安装到转向节上。

力矩:106.8N·m。

③安装前盘式制动器衬套防尘罩。

a. 在2个新前盘式制动器衬套防尘罩的整个圆周涂抹一薄层锂皂基乙二醇润滑脂,如图11-51所示。

提示:在各前盘式制动器衬套防尘罩上至少涂抹0.3g锂皂基乙二醇润滑脂。

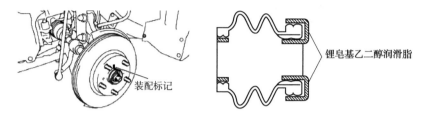

图11-50　对准装配标记　　　　图11-51　涂抹润滑脂示意图

b. 将2个前盘式制动器衬套防尘罩安装到前盘式制动器制动缸固定架上。

④安装前盘式制动器制动缸2号滑销。

a. 在前盘式制动器制动缸2号滑销的接触面涂抹一薄层锂皂基乙二醇润滑脂,如图11-52所示。

b. 将新的前盘式制动器制动缸滑套安装到前盘式制动器制动缸2号滑销上。

c. 在前盘式制动器制动缸2号滑销的滑动部分和密封表面涂抹一薄层锂皂基乙二醇润滑脂,如图11-53所示。

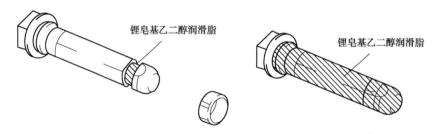

图11-52　涂抹润滑脂示意图　　　　图11-53　涂抹润滑脂示意图

d. 将前盘式制动器制动缸2号滑销安装到前盘式制动器制动缸固定架上。

e. 将前盘式制动器制动缸2号滑销推入前盘式制动器衬套防尘罩内,以将销装入防尘罩。

⑤安装前盘式制动器制动缸1号滑销。

a. 在前盘式制动器制动缸1号滑销的滑动部分和密封表面涂抹一薄层锂皂基乙二醇润滑脂,如图11-54所示。

b. 将前盘式制动器制动缸1号滑销安装到前盘式制动器制动缸固定架上。

c. 将前盘式制动器制动缸1号滑销推入前盘式制动器衬套防尘罩内,以将销装入防尘罩。

⑥安装前盘式制动器衬块支撑板。将4个前盘式制动器衬块支撑板安装到前盘式制动器制动缸固定架上。

注意:确保按正确位置和方向安装各前盘式制动器衬块支撑板。

⑦安装前消声垫片。

注意：更换磨损的衬块时,必须将前消声垫片和衬块磨损指示片一同更换。

a. 如图11-55所示,在各前1号消声垫片的两侧涂抹盘式制动器润滑脂。

注意：在与消声垫片接触的部位涂抹盘式制动器润滑脂。

图11-54 涂抹润滑脂示意图　　图11-55 盘式制动器润滑脂

b. 将前1号消声垫片和前2号消声垫片安装到各前盘式制动器衬块上,如图11-56所示。

注意：
● 按正确位置和方向安装垫片。
● 盘式制动器润滑脂可能会从消声垫片的安装部位稍稍溢出。
● 确保盘式制动器润滑脂没有涂抹到衬块表面上。

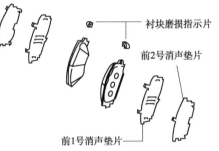

图11-56 安装消声垫片

c. 将衬块磨损指示片安装到各前盘式制动器衬块上。

注意：按正确位置和方向安装各衬块磨损指示片。

⑧安装前盘式制动器衬块。将2个前盘式制动器衬块安装到前盘式制动器制动缸固定架上。

注意：前盘式制动器衬块或前制动盘的摩擦表面上不应有机油或润滑脂。

⑨安装前盘式制动器制动缸总成。固定2个前盘式制动器制动缸滑销,并用2个螺栓将前盘式制动器制动缸总成安装到前盘式制动器制动缸固定架上。

力矩:34.3N·m。

⑩连接前挠性软管。用新接头螺栓和新衬垫将前挠性软管连接到前盘式制动器制动缸总成上。

力矩:29N·m。

注意：将前挠性软管锁止器牢固地安装到前盘式制动器制动缸总成的锁孔中。

⑪对制动管路进行放气。

⑫安装前轮。

(15)拆卸前轮制动器挠性软管。

①拆卸前轮。

②排空制动液。

注意：如果制动液泄漏到任何油漆表面上,立即将其清洗干净。

③拆卸前挠性软管。

a. 拆下接头螺栓和衬垫,并从前盘式制动器制动缸总成上断开前挠性软管,如图 11-57 所示。

b. 用扳手固定前挠性软管的同时,用连接螺母扳手断开制动管路,如图 11-58 所示。

注意:

- 不要扭曲或损坏制动管路。
- 不要让任何异物(如污物或灰尘)从连接部位进入制动管路。

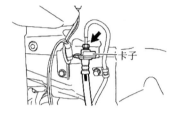

图 11-57　拆下接头螺栓和衬垫　　　图 11-58　断开制动管路

c. 拆下卡子。

d. 拆下螺栓 A 并从减振器支架上分离前轮转速传感器支架和前挠性软管支架,如图 11-59 所示。

e. 从转向节拆下螺栓 B 和前挠性软管。

(16)安装前轮制动器挠性软管。

①安装前挠性软管。

注意: 安装前挠性软管时,使挠性软管扭曲最小。

a. 将新卡子安装到前挠性软管上,如图 11-60 所示。

注意:

- 安装卡子至最紧位置。
- 安装前挠性软管时,使识别标记朝向车辆外侧。

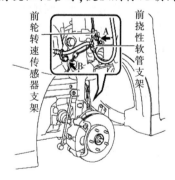
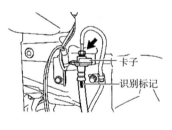

图 11-59　拆下螺栓 A 并分离 2 个支架　　　图 11-60　安装卡子

b. 用扳手固定前挠性软管的同时,使用连接螺母扳手将制动管路连接至前挠性软管。

力矩:15.2N·m。

注意:

- 不要扭曲或损坏制动管路。
- 不要让任何异物(如污物或灰尘)从连接部位进入制动管路。

- 利用公式计算连接螺母扳手和扭力扳手配合使用时的特定力矩值。

c. 用螺栓 B 将前挠性软管安装到转向节上,如图 11-61 所示。

力矩:29N·m。

d. 用螺栓 A 将前挠性软管支架和前轮转速传感器支架安装到减振器支架上。

力矩:29N·m。

注意:首先安装前挠性软管支架,然后安装前轮转速传感器支架。

e. 用新接头螺栓和新衬垫将前挠性软管连接到前盘式制动器制动缸总成上。

力矩:29N·m。

注意:将前挠性软管锁止器牢固地安装到前盘式制动器制动缸总成的锁孔中。

②对制动管路进行放气。

③安装前轮。

(17)拆卸后轮制动器。

①拆卸后轮。

②排空制动液。

注意:如果制动液泄漏到任何油漆表面上,立即将其清洗干净。

③拆卸地板控制台上面板分总成。

④松开 2 号线束调节螺母。

⑤分离 3 号驻车制动器拉索总成。

a. 从后盘式制动器制动缸总成上分离 3 号驻车制动器拉索总成,如图 11-62 所示。

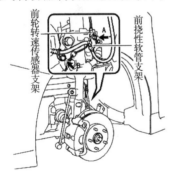
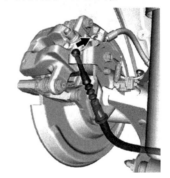

图 11-61　安装前挠性软管　　图 11-62　分离驻车制动器拉索总成

b. 使用 14mm 弯颈扳手,分离卡子并分离 3 号驻车制动器拉索总成。

提示:如图 11-63 所示,将 14mm 弯颈扳手插入 3 号驻车制动器拉索总成底部以分离卡子。从后盘式制动器制动缸总成上拉出 3 号驻车制动器拉索总成。

⑥断开后挠性软管。拆下接头螺栓和衬垫,并从后盘式制动器制动缸总成上断开后挠性软管,如图 11-64 所示。

⑦拆卸后盘式制动器制动缸总成。固定 2 个后盘式制动器衬块导向销,并拆下 2 个螺栓和后盘式制动器制动缸总成,如图 11-65 所示。

⑧拆卸后盘式制动器衬块。从后盘式制动器制动缸固定架上拆下 2 个后盘式制动器衬块,如图 11-66 所示。

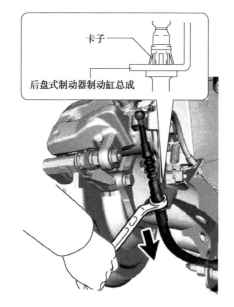

图 11-63 操作示意图

图 11-64 断开后挠性软管

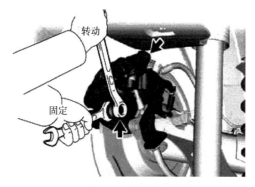

图 11-65 拆卸后盘式制动器制动缸总成

图 11-66 拆卸后盘式制动器衬块

⑨拆卸后盘式制动器消声垫片。从各后盘式制动器衬块上拆下后盘式制动器1号消声垫片和后盘式制动器2号消声垫片。

⑩拆卸后盘式制动器衬块支撑板。从后盘式制动器制动缸固定架上拆下2个后盘式制动器衬块支撑板，如图 11-67 所示。

注意：各后盘式制动器衬块支撑板的形状均不同。确保在各后盘式制动器衬块支撑板上做识别标记，以便将其重新安装到原位。

⑪拆卸后盘式制动器衬块导向销。

a. 从后盘式制动器制动缸固定架上拆下2个后盘式制动器衬块导向销，如图 11-68 所示。

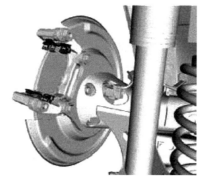

图 11-67 拆下后盘式制动器衬块支撑板

b. 使用头部缠有保护胶带的螺丝刀，从各后盘式制动器衬块导向销上拆下后盘式制动器制动缸滑套，如图 11-69 所示。

注意：不要损坏后盘式制动器衬块导向销。

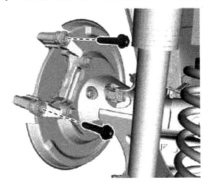
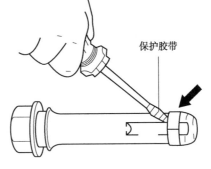

图11-68 拆下后盘式制动器衬块导向销　　图11-69 拆下后盘式制动器制动缸滑套

⑫拆卸后盘式制动器衬套防尘罩。从后盘式制动器制动缸固定架上拆下2个后盘式制动器衬套防尘罩，如图11-70所示。

⑬拆卸后盘式制动器制动缸固定架。拆下2个螺栓和后盘式制动器制动缸固定架，如图11-71所示。

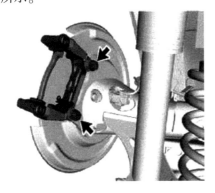

图11-70 拆卸后盘式制动器衬套防尘罩　　图11-71 拆卸后盘式制动器制动缸固定架

⑭拆卸后制动盘。

a. 在后制动盘和后桥轮毂和轴承总成上做装配标记，如图11-72所示。

b. 拆下后制动盘。

(18) 安装后轮制动器。

①安装后制动盘。对准后制动盘、后桥轮毂和轴承总成上的装配标记，并安装后制动盘，如图11-73所示。

注意：用新的后制动盘更换时，选择后制动盘轴向圆跳动最小的位置进行安装。

②安装后盘式制动器制动缸固定架。用2个螺栓将后盘式制动器制动缸固定架安装到后桥横梁总成上。

力矩：57.4N·m。

③安装后盘式制动器衬套防尘罩。

a. 在2个新后盘式制动器衬套防尘罩的整个圆周涂抹一薄层锂皂基乙二醇润滑脂，如图11-74所示。

提示:在各后盘式制动器衬套防尘罩上至少涂抹0.3g锂皂基乙二醇润滑脂。

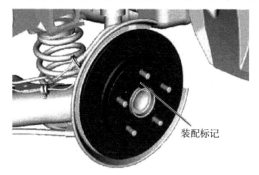

图11-72 做装配标记

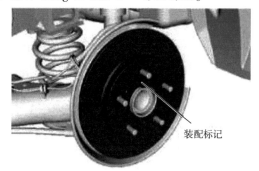

图11-73 做装配标记

b. 将2个后盘式制动器衬套防尘罩安装到后盘式制动器制动缸固定架上。

④安装后盘式制动器衬块导向销。

a. 在2个后盘式制动器衬块导向销的接触表面涂抹一薄层锂皂基乙二醇润滑脂,如图11-75所示。

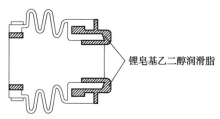

图11-74 涂抹润滑脂

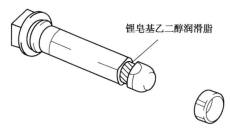

图11-75 涂抹润滑脂

b. 将新后盘式制动器制动缸滑套安装到各后盘式制动器衬块导向销。

c. 在2个后盘式制动器衬块导向销的滑动部位和密封表面涂抹一薄层锂皂基乙二醇润滑脂,如图11-76所示。

图11-76 涂抹润滑脂

d. 将2个后盘式制动器衬块导向销安装到后盘式制动器制动缸固定架上。

e. 将2个后盘式制动器衬块导向销推入2个后盘式制动器衬套防尘罩中以接合销和防尘罩。

⑤安装后盘式制动器衬块支撑板。将2个后盘式制动器衬块支撑板安装到后盘式制动器制动缸固定架上,如图11-77所示。

注意:确保按正确位置和方向安装各后盘式制动器衬块支撑板。

⑥安装后盘式制动器消声垫片。

a. 如图11-78所示,在各后盘式制动器1号消声垫片的外侧涂抹盘式制动器润滑脂。

b. 将后盘式制动器1号消声垫片和后盘式制动器2号消声垫片安装到各后盘式制动器衬块上,如图11-79所示。

注意:

● 更换磨损的衬块时,必须将消声垫片和后盘式制动器衬块一同更换。

● 确保盘式制动器润滑脂没有涂抹到衬块表面上。

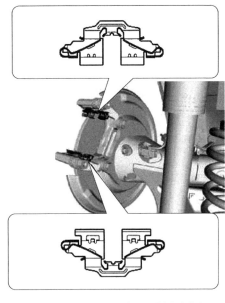

图 11-77　安装后盘式制动器衬块支撑板

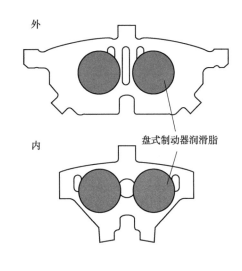

图 11-78　涂抹润滑脂

⑦安装后盘式制动器衬块。将 2 个后盘式制动器衬块安装到后盘式制动器制动缸固定架上。

注意：盘式制动器衬块或后制动盘的摩擦表面应无油污或润滑脂。

⑧安装后盘式制动器制动缸总成。

a. 为补偿衬块厚度磨损，使用 SST 09719 – 12010（09719 – 01030）转动后盘式制动器活塞的凸出部分对其进行调整，如图 11-80 所示。

注意：
- 将后制动盘放在 2 个后盘式制动器衬块之间，并确定活塞回位值。
- 将后盘式制动器活塞旋转到位，使后盘式制动器衬块的凸出部分正确对准活塞凹槽的位置。

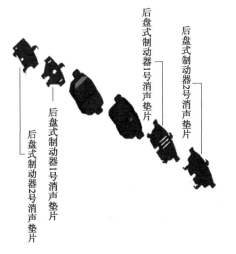

图 11-79　安装消声垫片

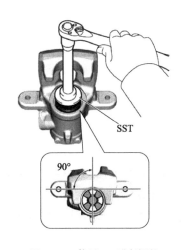

图 11-80　使用 SST 进行调整

b.固定2个后盘式制动器衬块导向销,并用2个螺栓将后盘式制动器制动缸总成安装到后盘式制动器制动缸固定架上。

力矩:35N·m。

⑨连接后挠性软管。用新接头螺栓和新衬垫将后挠性软管连接到后盘式制动器制动缸总成上。

力矩:29N·m。

注意:将后挠性软管锁止器牢固地安装到后盘式制动器制动缸总成的锁孔中。

⑩连接3号驻车制动器拉索总成。

a.接合卡子以将3号驻车制动器拉索总成安装到后盘式制动器制动缸总成上。

注意:如图11-81所示,确保将卡子接合到后盘式制动器制动缸总成上。

b.将3号驻车制动器拉索总成连接到后盘式制动器制动缸总成上,如图11-82所示。

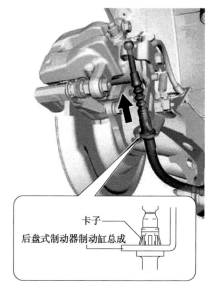
图11-81 接合卡子

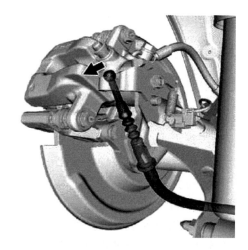
图11-82 连接驻车制动器拉索总成

⑪对制动管路进行放气。

⑫调节驻车制动器。

⑬安装地板控制台上面板分总成。

⑭安装后轮。

(19)拆卸后轮制动器挠性软管。

①拆卸后轮。

②排空制动液。

注意:如果制动液泄漏到任何油漆表面上,立即将其清洗干净。

③拆卸后制动管挠性软管,如图11-83所示。

a.用扳手固定后制动管挠性软管的同时,用连接螺母扳手断开2个制动管路。

注意:

- 不要扭曲或损坏制动管路。

● 不要让任何异物(如污物或灰尘)从连接部位进入制动管路。

b. 左侧:拆下卡子、螺栓和后制动管挠性软管。

c. 右侧:拆下2个卡子和后制动管挠性软管。

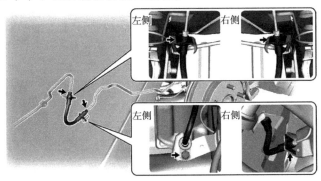

图 11-83　拆卸后制动管挠性软管

④拆卸后挠性软管。

提示:

● 右侧操作程序与左侧相同。

● 下面程序适用于左侧。

a. 用扳手固定后挠性软管的同时,用连接螺母扳手断开制动管路,如图 11-84 所示。

注意:

● 不要扭曲或损坏制动管路。

● 不要让任何异物(如污物或灰尘)从连接部位进入制动管路。

b. 拆下卡子,如图 11-85 所示。

c. 拆下接头螺栓、衬垫和后挠性软管,如图 11-86 所示。

图 11-84　断开制动管路示意图

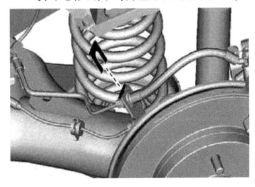

图 11-85　拆下卡子示意图

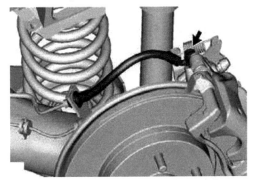

图 11-86　拆下接头螺栓、衬垫和后挠性软管

(20)安装后轮制动器挠性软管。

①安装后制动管挠性软管,如图 11-87 所示。

注意:安装后制动管挠性软管时使挠性软管扭曲最小。

a. 左侧:用螺栓和新卡子安装后制动管挠性软管。

力矩:19N·m。

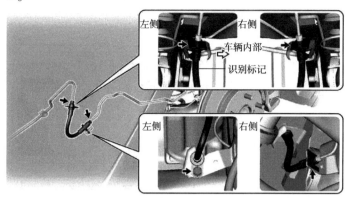

图11-87　安装后制动管挠性软管

注意:
- 安装卡子至最紧位置。
- 安装后制动管挠性软管时,使识别标记朝向车辆内侧。

b.右侧:用2个新卡子安装后制动管挠性软管。

注意:安装卡子至最紧位置。

c.使用连接螺母扳手,将2个制动管路连接到后制动管挠性软管上。

力矩:15.2N·m。

注意:
- 不要扭曲或损坏制动管路。
- 不要让任何异物(如污物或灰尘)从连接部位进入制动管路。
- 利用公式计算连接螺母扳手和扭力扳手配合使用时的特定力矩值。

②安装后挠性软管。

a.用新接头螺栓和新衬垫将后挠性软管连接到后盘式制动器制动缸总成上。

力矩:29N·m。

注意:将后挠性软管锁止器牢固地安装到后盘式制动器制动缸总成的锁孔中。

b.安装新卡子。

注意:
- 安装卡子至最紧位置。
- 安装后挠性软管时使挠性软管扭曲最小。

c.用扳手固定后挠性软管的同时,用连接螺母扳手将制动管路连接至后挠性软管。

力矩:15.2N·m。

注意:
- 不要扭曲或损坏制动管路。
- 不要让任何异物(如污物或灰尘)从连接部位进入制动管路。
- 利用公式计算连接螺母扳手和扭力扳手配合使用时的特定力矩值。

③对制动管路进行放气。

④安装后轮。

(21)拆卸驻车制动杠杆。

①拆卸后地板控制台总成。

②松开2号线束调节螺母。

a. 解除驻车制动杠杆锁止器并使其返回到OFF位置。

b. 拆下锁紧螺母并松开2号线束调节螺母,如图11-88所示。

③分离3号驻车制动器拉索总成。如图11-89所示,从驻车制动杠杆分总成上分离3号驻车制动器拉索总成。

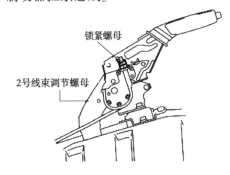

图11-88 操作螺母位置示意图

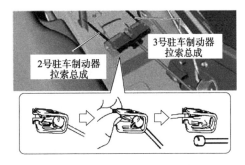

图11-89 分离3号驻车制动器拉索总成

④分离2号驻车制动器拉索总成。

提示:执行与3号驻车制动器拉索总成相同的程序。

⑤拆卸驻车制动杠杆分总成。

a. 断开驻车制动开关连接器,如图11-90所示。

b. 拆下2个螺栓和驻车制动杠杆分总成,如图11-91所示。

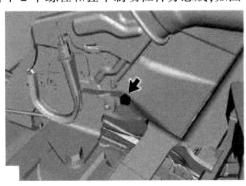

图11-90 断开驻车制动开关连接器

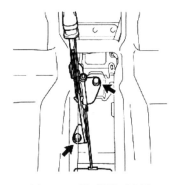

图11-91 拆下螺栓示意图

(22)安装驻车制动杠杆。

①安装驻车制动杠杆分总成。

a. 用2个螺栓安装驻车制动杠杆分总成。

力矩:14.5N·m。

b. 连接驻车制动开关连接器。

c. 暂时安装锁紧螺母。

提示:调节驻车制动杠杆行程后,紧固锁紧螺母。

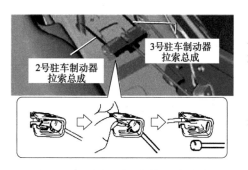

图 11-92　连接 3 号驻车制动器拉索总成

②连接 3 号驻车制动器拉索总成。如图 11-92 所示,将 3 号驻车制动器拉索总成连接到驻车制动杠杆分总成上。

③连接 2 号驻车制动器拉索总成。

提示:执行与 3 号驻车制动器拉索总成相同的程序。

④调节驻车制动杠杆行程。

⑤检查制动警告灯。

⑥安装后地板控制台总成。

(23)拆卸驻车制动器拉索。

①拆卸驻车制动杠杆分总成。

②拆卸驻车制动器拉索末端止动器。

a. 分离 2 个卡爪,以从驻车制动器拉索末端止动器上分离 1 号驻车制动器拉索总成,如图 11-93 所示。

b. 分离 2 个卡爪,以从驻车制动器平衡器上拆下驻车制动器拉索末端止动器和 1 号驻车制动器拉索总成,如图 11-94 所示。

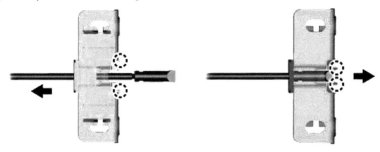

图 11-93　分离卡爪示意图 1　　　图 11-94　分离卡爪示意图 2

③拆卸 1 号驻车制动器拉索总成。

a. 拆下 2 号线束调节螺母,如图 11-95 所示。

b. 拉起驻车制动杠杆分总成卡爪,如图 11-96 所示。

注意:不要损坏 1 号驻车制动器拉索总成。

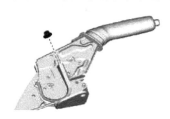 

图 11-95　拆下 2 号线束调节螺母　　　图 11-96　拉起驻车制动杠杆分总成卡爪

c. 从驻车制动杠杆分总成上拆下 1 号驻车制动器拉索总成。

④拆卸前排气管总成(TWC:前和后催化剂)。

⑤拆卸前地板 1 号隔热垫。拆下 3 个螺母和前地板 1 号隔热垫,如图 11-97 所示。

⑥拆卸前地板 2 号隔热垫。拆下 3 个螺母和前地板 2 号隔热垫，如图 11-98 所示。

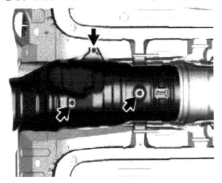 

图 11-97　拆卸前地板 1 号隔热垫　　　图 11-98　拆卸前地板 2 号隔热垫

⑦拆卸后地板左侧纵梁盖。

⑧拆卸 3 号驻车制动器拉索总成。

a. 拆下 5 个螺栓、分离卡夹并分离 3 号驻车制动器拉索总成，如图 11-99 所示。

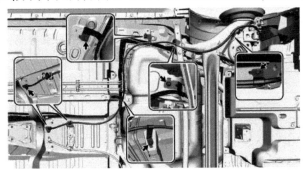

图 11-99　操作示意图

b. 将 3 号驻车制动器拉索总成拉出至车身外侧，如图 11-100 所示。

c. 从后盘式制动器制动缸总成上分离 3 号驻车制动器拉索总成，如图 11-101 所示。

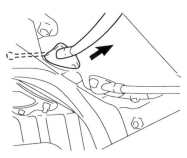 

图 11-100　拉出驻车制动器拉索总成　　　图 11-101　分离 3 号驻车制动器拉索总成

d. 使用 14mm 弯颈扳手，分离卡子并拆下 3 号驻车制动器拉索总成。

提示：如图 11-102 所示，将 14 mm 弯颈扳手插入 3 号驻车制动器拉索总成底部以分离卡子。从后盘式制动器制动缸总成上拉出 3 号驻车制动器拉索总成。

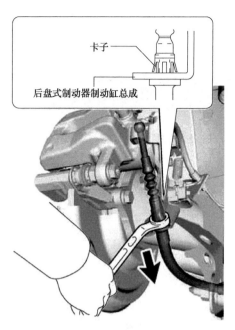

图 11-102　拉出驻车制动器拉索总成

⑨拆卸 1 号驻车制动器拉索卡夹。

a. 1 件式 1 号驻车制动器拉索卡夹：使用钳子或同等工具，断开 1 号驻车制动器拉索卡夹并从 3 号驻车制动器拉索总成上将其拆下。

提示：拆下的 1 号驻车制动器拉索卡夹不可重复使用。确保从 3 号驻车制动器拉索卡夹总成上将其拆下。

b. 分离 2 个卡爪，以从 3 号驻车制动器拉索总成上拆下 1 号驻车制动器拉索卡夹，如图 11-103 所示。

(24)安装驻车制动器拉索。

①安装 1 号驻车制动器拉索卡夹，如图 11-104 所示。

接合 2 个卡爪，以将新的 1 号驻车制动器拉索卡夹安装到 3 号驻车制动器拉索总成上。

提示：即使之前安装了 1 件式 2 号驻车制动器拉索卡夹，也要确保安装分离式 2 号驻车制动器拉索卡夹。

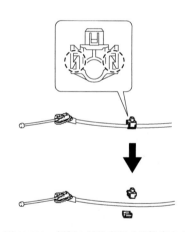

图 11-103　拆卸 1 号驻车制动器拉索卡夹

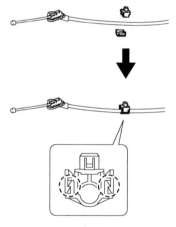

图 11-104　安装 1 号驻车制动器拉索卡夹

②安装 3 号驻车制动器拉索总成。

a. 将 3 号驻车制动器拉索总成插入车身，如图 11-105 所示。

b. 用 5 个螺栓安装 3 号驻车制动器拉索总成。

力矩：6.0N·m。

c. 接合卡夹以安装 3 号驻车制动器拉索总成。

注意：牢固安装卡夹。

d. 接合卡子以将 3 号驻车制动器拉索总成安装到后盘式制动器制动缸总成上。

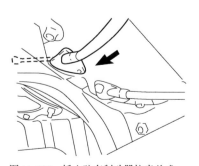

图 11-105　插入驻车制动器拉索总成

注意:如图 11-106 所示,确保将卡子接合到后盘式制动器制动缸总成上。
e.将 3 号驻车制动器拉索总成连接到后盘式制动器制动缸总成上,如图 11-107 所示。
③安装后地板左侧纵梁盖。
④安装前地板 2 号隔热垫。用 3 个螺母安装前地板 2 号隔热垫。
力矩:5.5N·m。

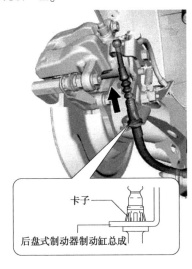
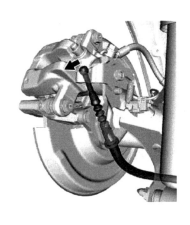

图 11-106　接合卡子　　　　　　　　图 11-107　连接驻车制动器拉索总成

⑤安装前地板 1 号隔热垫。用 3 个螺母安装前地板 1 号隔热垫。
力矩:5.5N·m。
⑥安装前排气管总成(TWC:前和后催化剂)。
⑦安装 1 号驻车制动器拉索总成。
a.使 1 号驻车制动器拉索总成穿过驻车制动杠杆分总成。
b.扳下驻车制动杠杆分总成卡爪,如图 11-108 所示。
c.将 2 号线束调节螺母暂时安装到 1 号驻车制动器拉索总成上,如图 11-109 所示。

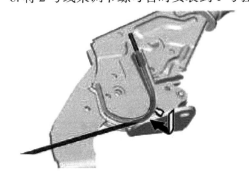
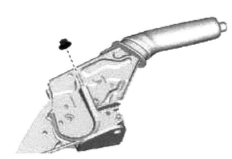

图 11-108　扳下驻车制动杠杆分总成卡爪　　　图 11-109　安装 2 号线束调节螺母

⑧安装驻车制动器拉索末端止动器。
a.接合 2 个卡爪,以将驻车制动器拉索末端止动器和 1 号驻车制动器拉索总成安装到驻车制动器平衡器上,如图 11-110 所示。

b. 接合2个卡爪，以将1号驻车制动器拉索总成安装至驻车制动器拉索末端止动器，如图11-111所示。

⑨安装驻车制动杠杆分总成。

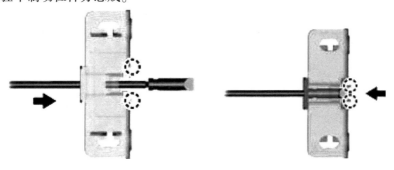

图11-110 接合卡爪　　　　　图11-111 接合卡爪

七　考核标准

考核标准见表11-1。

考核标准表　　　　　　　　　　表11-1

序号	考核项目	满分	评分标准	得分
1	作业前整理工位	3	酌情扣分	
2	工位停车	2	停车不当扣2分	
3	车辆可靠停靠	5	操作不当扣5分	
4	拆装制动执行器	10	操作不当扣8分	
5	拆装前后轮转速传感器	10	操作不当扣8分	
6	拆装制动踏板	10	操作不当扣10分	
7	拆装制动主缸	10	操作不当扣10分	
8	拆装制动助力器	10	操作不当扣9分	
9	拆装前轮制动器	10	操作不当扣10分	
10	拆装后轮制动器	10	操作不当扣10分	
11	拆装驻车制动系统	10	操作不当扣10分	
12	作业后整理工位	10	酌情扣分	
13	遵守相关安全规范	因违规操作造成人员和设备事故的，总分按0分计		
	分数合计	100		

实训 12 汽车总装

一 实训目标

(1) 掌握正确使用维修设备和拆装工具的方法。
(2) 掌握汽车总装工艺、顺序。
(3) 熟悉汽车各总成的名称、位置、结构和作用。

二 实训内容

非承载式车身的汽车的刚性车架,又称底盘大梁架。如图 12-1 所示,在非承载式车身中,发动机、传动系统的一部分、车身等总成部件都是用悬架装置固定在车架上,车架通过前后悬架装置与车轮连接。非承载式车身比较笨重,质量大,高度高,一般用在货车、客车和越野车上;但因其具有较好的平稳性和安全性,也有部分高级轿车使用。

承载式车身的汽车没有刚性车架,只是加强了车头、侧围、车尾、底板等部位,发动机、前后悬架、传动系统的一部分等总成部件装配在车身上设计要求的位置,车身负载通过悬架装置传给车轮。如图 12-2 所示,承载式车身除了其固有的乘载功能外,还要直接承受各种负荷力的作用。承载式车身不论在安全性还是在稳定性方面都有很大的提高,它具有质量小、高度低、装配容易等优点,大部分轿车采用这种车身结构。

图 12-1 非承载式车身

图 12-2 承载式车身

现代轿车大多采用承载式车身,没有车架,车身就作为发动机和底盘各总成的安装基体,车身兼有车架的作用并承受全部载荷。汽车总装是以承载式车身为基础,在其上安装各总成及操作机构,使之成为一部完好的汽车,为了确保总装质量,汽车总装时必须严格按照合理的工艺顺序和技术要求进行操作。

三 实训器材

(1) 举升工位 4 个。

(2)丰田卡罗拉车辆4台。
(3)车辆防护三件套4套。
(4)常用汽车维修工具4套。

四 实训要求与注意事项

(1)在操作开始前,检查所有的设备并备齐工具。
(2)安装车轮挡块时,可以用举升机顶起部分车轮。
(3)实训过程要符合车辆维修的操作规程。

五 教学组织

1. 教学组织形式

本课程为"小班化"实训课,实训教师1名,学生24名,实训室共有4个实训工位,按照6人一个工位编组。

2. 实训教师职责

通过PPT课件展示、教学视频播放等教学手段,讲解实训任务的操作步骤和相关注意事项;并组织学生进行分组事项;巡视、检查、指导和纠正学生操作中的错误;课堂总结;组织学生做好5S管理。

3. 学生职责

认真观看PPT课件和教学视频;完成教师布置的任务;做好课后的清洁、整理等5S管理工作。

六 操作步骤

1. 安装发动机附离合器及变速器总成

安装好支承垫,将组装好的发动机附离合器及变速器总成一起吊装到车身上,并按规定力矩拧紧各支架螺栓。

2. 安装前、后悬架总成

将组装好的前、后悬架总成推至车身下面,并按规定力矩安装前、后悬架。

3. 安装车门、车窗总成

将组装好的四个车门总成安装在相应位置,并按规定力矩进行紧固。

4. 安装传动轴

安装前桥半轴、前桥差速器、后桥、轮毂等总成,并按规定力矩进行紧固。

5. 安装制动系

安装制动总泵、制动踏板、制动管路、前后轮制动器以及驻车制动开关、拉索、拉杆等部件,并按规定力矩进行紧固,并加注制动油液。

6. 安装转向系统

安装助力转向电机、转向柱、转向机、转向盘等部件,并按规定力矩进行紧固。

7. 安装消声器

安装好衬垫后,用螺栓将消声器进气管紧固到发动机排气管上。然后将消声器固定于车架上,紧固好消声器的各个固定点。

8. 安装燃油箱

安装燃油箱、燃油滤清器等总成,并连接好油管。

9. 安装散热器、翼子板、发动机罩

将散热器和其固定支架组装在一起,然后安装到车架上,连接好散热器与发动机及水泵的进、出水软管,并安装好挡泥板、翼子板及发动机罩。

10. 安装全车电气线路及仪表

用线夹将全车线路牢固装夹到车上,并连接好仪表、喇叭、灯光总成及蓄电池等用电设备。

11. 加注润滑脂、油液

用油脂枪对各滑脂嘴加注润滑脂进行润滑,并检查和添加各种油液。

以上操作顺序在生产中可根据实际需要进行调整。

七 考核标准

考核标准见表 12-1。

考核标准表　　　　　　　　　　表 12-1

序 号	考核项目	满 分	评分标准	得 分
1	作业前整理工位	5	酌情扣分	
2	安装发动机附离合器及变速器总成	10	操作不当扣 10 分	
3	安装前、后悬架总成	10	操作不当扣 10 分	
4	安装车门、车窗总成	10	操作不当扣 10 分	
5	安装传动轴	10	操作不当扣 10 分	
6	安装制动系	10	操作不当扣 10 分	
7	安装转向系统	10	操作不当扣 10 分	
8	安装消音器	5	操作不当扣 5 分	
9	安装燃油箱	5	操作不当扣 5 分	
10	安装散热器、翼子板、发动机罩	5	操作不当扣 5 分	
11	安装全车电气线路及仪表	10	操作不当扣 10 分	
12	加注润滑脂、油液	5	操作不当扣 5 分	
13	作业后整理工位	5	酌情扣分	
14	遵守相关安全规范		因违规操作造成人员和设备事故的,总分按 0 分计	
	分数合计	100		

参 考 文 献

[1] 董继明,胡勇. 汽车拆装与调整[M]. 北京:机械工业出版社,2010.
[2] 潘伟荣,刘越琪. 汽车结构与拆装[M]. 北京:人民交通出版社,2010.
[3] 邢春霞. 汽车结构与拆装(全国交通技工院校汽车运输类专业规划教材)[M]. 北京:人民交通出版社,2013.
[4] 周航. 汽车拆装与调试实训指导书[M]. 北京:北京航空航天大学出版社,2014.
[5] 周林福. 汽车结构与拆装技术[M]. 北京:人民交通出版社,2015.